세계 최초의 곤충화가

# 마리아 메리안

두레아이들 인물 읽기 ❿

# 세계 최초의 곤충화가
# 마리아 메리안

한해숙 지음　이현정 그림

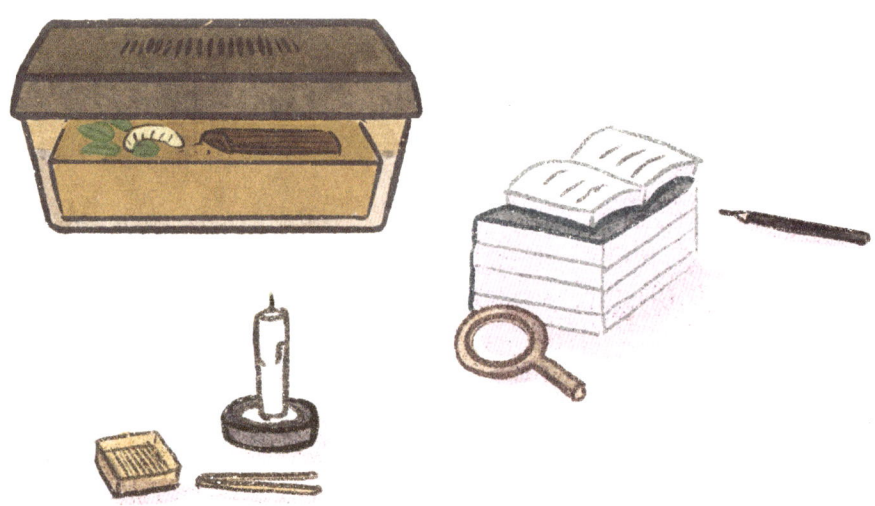

두레아이들

# 머리말

 '파브르(장 앙리 파브르)'라는 이름을 아는 사람은 많아도 '마리아 지빌라 메리안'이라는 이름을 아는 사람은 많지 않을 거예요. 세계 역사상 위대한 곤충학자로 불리고 기억되는 파브르(1823~1915)보다 170여 년 앞서 메리안(1647~1717)이 살았습니다.

 곤충에 대한 연구 결과를 문학 작품으로 펼쳐 낸 『파브르 곤충기』를 남긴 파브르보다 훨씬 앞서, 곤충과 식물을 치밀하게 관찰하고 책과 그림으로 그린 위대한 사이언스 아트의 선구자가 바로 메리안입니다.

 '두 사람 모두 곤충 연구와 박물학 분야에서 위대한 업적을 남긴 것은 분명하나 파브르는 기억되고 메리안은 잊힌 이유가 무엇일까?' 메리안이라는 인물에 대해 처음 알게 되었을 때 가장 먼저 떠오른 질문입니다. 여러 가지 이유가 있겠지만 가장 큰 이유는 역시 '여성이어서'가 아닐까 합니다.

요즘은 '여자라서 하면 안 된다'라거나 '여자라서 못 할 거다'라는 말을 함부로 하면 안 되는 시대지요. 하지만 메리안이 살던 유럽의 중세 시대엔 여자라서 참고 견뎌야 하는 어려움과 차별이 너무도 심했습니다. 특히 당시 사람들이 악마의 산물이라고 여기는 곤충을 연구하거나 곤충에 관심을 가졌다간 마녀로 몰려 화형을 당할 수도 있었다고 합니다. 하지만 메리안에게는 목숨보다 더 소중하고 의미 있는 일이 곤충과 식물 연구였습니다.

메리안은 정원과 산, 들판에서 쉽게 만나는 벌레와 꽃, 풀들에게서 도대체 무엇을 발견하고 어떤 매력을 느꼈던 걸까요? 주변의 차가운 시선과 만류, 비웃음 속에서도 끝까지 자신이 좋아하는 일을 할 수 있었던 힘은 어디서 나왔을까요? 그리고 그것들을 어떻게 평생 사랑하고 끊임없이 연구할 수 있었을까요?

엄혹한 시대에 살면서도 자신의 꿈을 꺾지 않고, 적극적으로 헤쳐 나간 메리안은 요즘 우리 아이들에게도 훌륭한 '본보기상(롤 모델)'이 되어 줄 겁니다. 조금 힘들고 어려운 일이 닥치더라도 자신이 진정 좋아하는 일을 위해 꺾이지 않고 나아갈 수 있는 힘! 메리안의 삶에서 그 힘을 배우고, 진정 좋아하고 즐기는 일을 했기에 행복하다고 말할 수 있는 삶을 어린이 여러분도 살게 되길 바랍니다.

한해숙

## 차례

| | |
|---|---|
| 머리말 | 5 |
| 1. 외로운 아이, 메리안 | 11 |
| 2. 소녀, 더 넓은 세상으로 | 29 |
| 3. 곤충의 비밀에 다가서다 | 45 |
| 4. 결혼, 그리고 새로운 인생 | 57 |
| 5. 획기적인 곤충책 | 72 |
| 6. 용감한 출발 | 87 |
| 7. 위대한 사이언스 아티스트 | 105 |

## 1. 외로운 아이, 메리안

봄 햇살이 정원을 따사롭게 감싸고 있었다. 다섯 살배기 메리안은 예쁜 색깔과 모양을 뽐내는 꽃들 사이에 호기심 가득한 표정으로 앉아 있었다. 가만히 숨을 죽이고 눈도 깜짝 않고, 한동안 무언가를 바라보고 있었다.

메리안은 하얀 민들레 위에 앉은 나비 한 마리를 눈으로 좇고 있었다. 노란 나비가 작은 날개를 폈다 오므렸다 할 때마다 메리안의 가슴도 콩닥콩닥 뛰었다. 마침내 메리안은 살금살금 나비 쪽으로 다가갔다.

"앗, 나비, 예쁜 나비야. 가지 마!"

나비가 노란 꽃잎처럼 예쁜 날개를 펄럭이며 눈앞에서 포르르 날아올랐다. 메리안은 나비를 쫓아 정원을 뛰어다녔다.

"아이쿠!"

메리안이 작은 나비를 잡으려고 두 손을 모으는 순간, 나비는 휘익 날아올라 어느새 저만치 사라졌다.

"기다려, 나비야!"

바짝 약이 오른 메리안은 두 팔을 마구 휘저으며 이리저리 뛰어다녔다. 폴짝폴짝 뛰어도 보고, 뒤꿈치를 한껏 들어 팔도 쭉 뻗어 보았으나 나비는 순식간에 멀리 날아가 버렸다. 이마에 땀방울이 맺혔지만 메리안은 지칠 줄 몰랐다.

잡힐 듯 잡힐 듯 잡히지 않던 나비는 어느덧 훨훨 하늘 끝으로 사라져 버렸다.

"나비야, 돌아와! 나랑 같이 놀자!"

소리치는 메리안의 눈에는 눈물이 가득 맺혔다.

메리안은 한참 동안 하늘만 멍하니 바라보다가 돌 위에 털썩 주저앉았다.

'나비랑 놀고 싶은데, 나비는 바쁜가 봐.'

메리안은 고개를 떨구고 한참을 앉아 있었다. 생각할수록 서운한 마음이 들어 훌쩍훌쩍 울기 시작했다. 하지만 땅바닥에서 무언가를 발견하곤 이내 옷소매로 눈물을 닦았다. 길게 줄을 지어 어디론가 가는 개미 떼의 행렬이 메리안의 호기심을 끌었다.

"안녕, 개미들아. 어디로 가니? 먹이 찾으러 가니? 맛있는 빵 줄 테니 잠깐만 기다려."

금방 활기를 되찾은 메리안은 정원 옆 작은 문으로 달려 들어갔다. 컴컴한 부엌 구석에 있는 나무 식탁 위에는 언제나 빵 접시가 놓여 있었다. 식구들이 다 먹어 버리는 날이 많았지만, 두어 조각 남아 있는 날도 있었다. 그날은 다행히 빵 조각이 남아 있었다.

메리안은 작은 빵 조각 하나를 집어 들고 다시 정원으로 달려 나왔다. 빵을 조금 떼어 개미 떼 옆에 떨어트리곤 개미들이 몰려오기를 기다렸다. 개미 떼는 군인들처럼 조금도 흐트러지지 않게 줄을 맞춰 먹이 쪽으로 다가왔다. 그리고 저마다 제 몸보다 몇 배는 더 큰 덩어리를 하나씩 나눠 들고 작은 돌 밑으로 사라졌다. 개미들은 빵 조각을 모두 옮길 때까지 끊임없이 줄지어 움직였다. 가지런히 줄을 맞추면서 아름다운 개미들의 움직임은 지칠 줄 모르고 계속되었다. 이런 모습을 구경하는 메리안의 눈동자는 반짝반짝 빛났다. 해가 지고 눈앞의 나뭇가지 하나 알아볼 수 없을 정도로 어둑어둑해질 때까지 메리안은 정원을 떠나지 않았다.

어릴 때부터 곤충을 유난히 좋아한 아이 메리안은 스위스의 판화가인 마테우스 메리안의 막내딸로 프랑크푸르트 암마인에서 태어났다. 1650년, 아버지 마테우스는 메리안이 세 살 되던 해에 세상을 떠났다. 동판화가이자 출판업자였던 아버지 마테우스는 그림을 아주 잘 그려서 사람들의 관심을 많이 받았다. 하지만 독일의 신교와 구교 사이에서 30년간 계속된 종교전쟁 탓에 독일뿐만 아니라 유럽 전역이 가난과 굶주림에 시달렸는데, 마테우스 집안도 마찬가지 상황이었다. 이 전쟁은 칼뱅파 신교도들이 가톨릭에 대항하여 종교개혁을 부르짖으며 30년간 계속되었다(종교전쟁은 서로 다른 종교나 종파끼리 대립하고 충돌하여 일어나는 전쟁을 말한다. 특히 종교개혁 이후 유럽에서는 구교도와 신교도 사이에 학살, 암살 따위의 격렬한 전쟁이 있었는데, 대표적으로는 십자군 전쟁이나 30년 전쟁 따위가 있다).

1618년에 시작되어 1648년까지 계속된 이 전쟁은 신성 로마 제국 황제 페르디난트 3세와 독일 군주들을 비롯해 프랑스 및 스웨덴 등이 참가해 베스트팔렌 조약을 맺으면서 끝이 났다. 베스트팔렌이 작은 읍에서 진행한 이 조약의 평화안에 따라 많은 나라가 영토를 얻거나 자신들의 영토에 대한 주권을 보장받았다. 이때 종교 문제가 타결되어 가톨릭과 루터교 및 칼뱅 교회가 용인되었다.

30년 전쟁이 끝나고 2년 뒤, 메리안이 세 살 되던 해였다. 어느 날, 마테우스는 지병으로 몸져눕고 말았다. 죽음의 그림자가 짙게 드리워지자 마테우스는 전처에게서 낳은 자식 여섯 명과 메리안 모녀를 머리맡으로 불렀다. 외국에 나가 있던 장남 마테우스 2세만 미처 도착하지 못한 상황이었다. 마테우스는 다 타들어 간 촛불처럼 스러져 가는 눈빛으로 자식들을 찬찬히 훑어본 뒤 차남 카스파어를 가까이 불렀다. 그러고는 남은 힘을 짜내어 마지막 말을 남겼다.

"메리안을 부탁한다, 카스파어. 메리안은 내 딸이다.…… 아직 어리지만 저 애에게도 내 피와 재능이 흐르는 게 느껴져. 내가 없더라도 잊지 말고 챙겨 주길 바란다."

"네, 걱정 마세요, 아버지. 메리안은 제가 잘 돌볼게요."

착한 카스파어는 아버지의 힘없는 손을 감싸 쥐며 약속했다.

마테우스는 눈을 감는 순간까지도 둘째 부인의 딸인 어린 메리안의 앞날을 걱정했다. 마테우스의 유언은 메리안에게 평생 힘이 되어 주었다. 훗날 이 유언을 카스파어 오빠에게 전해 들은 메리안은 힘들고 어려운 순간이 닥칠 때마다 이 말을 떠올리며 버텼다.

아버지가 죽자 형제들은 메리안을 그전보다 더 심하게 구박했다. 마테우스의 둘째 딸은 메리안의 엄마와 나이가 비슷한 탓에 거칠 것이 없었다. 게다가 14세기부터 유행하기 시작한 흑사병(페스트)은 여전히 사람들을 괴롭혔다. 흑사병은 중세 시대 말 경제적 침체를 더욱 가중시킨 대재난으로, 설치류가 사람에게 감염시키는 급성 전염병이다. 소아시아에서 발생한 흑사병은 유럽 전역으로 퍼져 수많은 사람이 죽었다.

"흉년에 흑사병까지 돌아서 가뜩이나 힘든데 새엄마에, 이복동생이라니! 도무지 도움이 안 된다니까."

"맞아, 기껏 우리랑 4년밖에 같이 안 살았는데, 아버지도 돌아가신 마당에 왜 이 집에 붙어 있는지 알 수가 없어. 네덜란드에 있는 친정으로 돌아가면 될 텐데."

"모녀가 밥만 축내잖아. 게다가 저 돌쟁이 아기는 어떡하고? 저 아기랑 메리안을 아버지 대신 왜 우리가 떠맡아야 하는 거야?"

마테우스의 둘째 딸과 셋째 딸은 메리안 엄마와 메리안이 듣고 있는데도 아랑곳하지 않았다.

메리안의 어머니는 갓난아기에게 젖을 물린 채 딸들의 이야기를 애써 외면했다. 하지만 어린 메리안은 어머니의 눈에 고인 눈물을 똑똑히 보았다. 언니들의 이야기를 잘 알아들을 수는 없었지만, 무언가 몹시 슬프고 화가 나는 이야기라는 느낌이 들었다.

"메리안, 왜 울고 있니? 오빠랑 산책 가자."

메리안이 슬픈 생각이 들어 훌쩍일 때면 어디선가 카스파어가 나타나

손을 잡아끌었다.

'내가 좋아하는 카스파어 오빠다. 우리 오빠는 가브리엘 천사님 같아!'

그럴 때마다 메리안은 카스파어를 올려다보며 활짝 웃었다.

하지만 메리안은 얼마 지나지 않아 형제들 중 유일하게 자신을 아껴 주던 카스파어 오빠와 헤어질 수밖에 없었다.

아버지가 죽은 뒤에 뒤늦게 귀국한 마테우스 2세는 기울어져 가던 집안을 살리려고 애를 썼다. 먼저, 아버지의 유산 중 상당히 많은 돈을 떼어 새엄마에게 주고 새엄마를 친정으로 돌려보냈다. 메리안의 어머니는 짧은 결혼생활을 끝내고, 마테우스 집안에서 쫓겨나다시피 떠나와야 했다. 메리안과 갓 돌이 지난 메리안의 남동생도 함께였다.

1651년, 메리안이 네 살 되던 해에 어머니는 화훼화가 야코프 마렐과 재혼했다. 그 덕분에 메리안에게는 배다른 동생이 세 명이나 생겼다. 가족이 늘었지만 메리안의 외로움은 줄어들지 않았다. 메리안의 어머니는 살림을 꾸리고 전처 자식들을 돌보느라 메리안에게 관심을 가질 틈이 없었다.

"엄마, 심심해요! 같이 좀 놀아 주세요!"

메리안이 조를 때면 엄마는 귀찮다는 듯이 대답했다.

"집안일이 이렇게나 많은데 노닥거릴 시간이 어딨니? 메리안, 그만 조르고 동생들 좀 챙겨라. 넌 맏딸이니까 엄마를 도와야지."

바쁜 엄마를 대신해 메리안은 어린 동생들을 돌보는 일을 떠맡아야 했다.

'에잇, 동생들 너무 귀찮아. 말도 잘 안 듣고, 맨날 떼만 쓰고……. 우리 카스파어 오빠, 보고 싶다.'

메리안은 힘들고 지칠 때면 자신을 특별히 아껴 주던 천사 같던 카스파어 오빠 생각이 절로 났다.

그러던 어느 날 메리안의 친동생이 채 두 살도 되지 않아 세상을 떠나고 말았다. 메리안에게는 더 외롭고 힘든 시간이 찾아왔다. 하지만 외로움이 꼭 나쁜 것만은 아니었다. 메리안은 외로움을 잊으려 온종일 정원과 숲속, 들판을 떠돌아다녔다.

자연 속에 오랫동안 머물며, 곤충들을 친구로 삼다 보면 외로움도 슬픔도 멀리 날아가 버렸다. 작고 약해 보이는 곤충들이지만 자세히 들여다볼수록 신비한 힘이 느껴졌다. 어디든 훨훨 날아갈 수 있는 날개와 무엇이든 뚫어 버릴 것 같은 뿔, 단단한 갑옷 같은 껍질과 예민하게 움직이는 더듬이. 곤충들의 이상하고도 환상적인 생김새가 마음을 사로잡았다.

어느새 메리안은 곤충에 빠져 세상 그 무엇보다 곤충을 좋아하는 아이가 되어 갔다.

　'정말 신기하게 생겼어. 이렇게 멋진 모습을 하고 있는데, 악마의 짐승이라고?'

　해를 거듭할수록 마음속 의문은 커져만 갔다. 당시 사람들은 사람에게 해를 끼치는 이와 벼룩은 물론 농작물과 꽃 등을 망치는 여러 가지 벌레들은 악마가 만들어 낸 짐승이라고 생각했다. 하지만 여러 종류의 곤충과 벌레들을 유심히 보아 온 메리안은 그런 생각을 도무지 이해할 수 없었다.

　'저렇게 예쁜 나비는 도대체 어디서 오는 걸까? 따뜻한 봄날에 어디선가 나타나는데, 그전에는 어디에 숨어 있었을까?'

　'마녀가 벌레들을 만들었다면, 왜 무엇에 쓰려고 만든 거지?'

　궁금증이 눈덩이처럼 불어났지만 혼자서는 아무런 답도 얻을 수 없었다. 메리안은 새아버지 야코프의 공방에 몰래 들어가 늦은 밤까지 그림 속 꽃과 곤충들을 들여다보며 생각에 잠기곤 했다.

　메리안의 또 다른 안식처는 다락방이었다. 어느덧 십 대가 된 메리안은 다락방에 틀어박혀 그림을 그리는 동안만큼은 외롭지 않았다.

　"메리안, 메리안! 내려와서 동생들 좀 데리고 놀아!"

아래층에서 엄마가 부르는 소리가 들렸지만 메리안은 꼼짝도 하지 않고 튤립을 그렸다.

왕관처럼 오목한 꽃잎이 시들어서 벌어지기 전에 어서 그림을 완성하고 싶었다. 며칠에 걸려 어렵게 구한 귀한 튤립이었다. 마을에서 가장 화려한, 루이트머 백작의 정원에 몰래 들어가 꺾어 온 꽃이었다.

17세기에 튤립은 부자들만 가질 수 있는 귀하고 값비싼 사치품이었다. 당시 네덜란드에서는 튤립에 대한 투기 수요가 크게 증가하면서 튤립 가격이 50배로 상승하는 일이 벌어졌다. 그러자 네덜란드 법원에서 튤립의 재산적 가치를 인정하지 않는다는 판결을 내렸고, 거품이 순식간에 꺼지면서 튤립 가격은 폭락했다. 이런 '튤립 파동'이 휩쓸고 지나간 다음이었으나 여전히 이국적이고 아름다운 모습 때문에 튤립은 사랑받고 있었다.

아버지의 공방에서 튤립 그림을 본 뒤로 메리안의 머릿속엔 오로지 진짜 튤립꽃을 구해야겠다는 생각뿐이었다. 며칠 뒤, 마침내 참지 못하고 루이트머 백작의 정원에 들어가서 몰래 튤립을 꺾어 오고 말았다.

왕관처럼 고귀한 꽃봉오리를 길고 우아한 줄기가 받치고 있는 튤립은 왕실의 공주처럼 우아하고 눈부셨다. 메리안은 아름다운 튤립의 모습을 종이 위에 옮겨 그렸다. 꼼꼼한 스케치가 완성되자 유화 물감으로 아름다운 봉우리와 줄기를 칠해 나갔다. 한나절을 꼬박 그림에 매달린 끝에 마침내 튤립 그림이 완성되었다.

"와! 만세, 드디어 완성!"

메리안은 기쁨에 겨워 박수를 쳤다. 그리고 유명한 화가의 그림을 감

상할 때처럼 한 발짝 떨어져서 바라보며 흐뭇한 미소를 지었다.

그때였다.

"메리안, 메리안! 여보, 메리안 못 봤소?"

현관문이 요란하게 열리는 소리와 함께 아버지의 성난 목소리가 들려왔다.

"뭘 하는지 아침부터 다락방에서 꼼짝도 안 하는데요."

"루이트머 백작댁 하인이 메리안을 잡으러 오고 있단 말이오."

"잡으러 오다니요? 왜요?"

"백작이 아끼는 튤립을 메리안이 꺾어서 가져갔다는군."

아래층에서 들려오는 이야기 소리에 메리안은 다리가 떨려 의자에 주저앉았다. 루이트머 백작의 무서운 얼굴이 떠올라 눈앞이 캄캄했으나 잠시 마음을 가라앉히고는 튤립 그림을 챙겨 들고 아래층으로 내려갔다.

"도둑질을 하다니, 정말 겁도 없구나. 메리안, 어서 백작께 가서 용서를 구하자."

아버지는 메리안의 이야기는 들어 보지도 않고 손을 잡아끌며 재촉했다. 아버지에게 떠밀려 백작댁으로 들어선 메리안은 아무 말도 하지 못하고 고개만 숙이고 있었다.

"제 딸이 그만 나쁜 짓을 저질렀습니다. 다시는 이런 일이 없도록 혼내고 잘 가르칠 테니 제발 용서해 주십시오. 백작 나으리."

야코프는 고개를 몇 번이나 주억이며 백작에게 사죄를 했다. 그런 아버지의 모습에 메리안은 가슴 깊은 곳에서 뜨거운 기운이 울컥 올라왔다. 그러곤 자신도 모르게 용기를 내어 말했다.

"백작님, 몰래 튤립을 가져간 건 정말 잘못했습니다. 부디 한 번만 용서해 주세요."

"이런 당돌한 아이를 봤나! 그 튤립은 내가 무척 아끼던 꽃인데, 어떻게 쉽게 용서를 해 달라는 것이냐?"

루이트머 백작은 얼굴이 붉으락푸르락해져서 소리를 질렀다.

메리안은 잠시 주춤했지만 금세 목소리를 가다듬고 차분하게 말했다. 큰 잘못을 저지른 어린 도둑이라곤 믿기지 않을 만큼 당당하기까지 한 태도였다.

"백작님, 이 일로 벌을 주시면 기꺼이 받겠습니다. 그전에 제가 튤립을 꺾은 이유를 들어 봐 주세요. 저는 그림 속에 있는 튤립이 아니라 진짜 살아 있는 튤립을 보고 싶었어요. 그 아름다운 튤립을 오래 간직하고 싶은 마음에 그림을 그리고 싶었고요. 이미 시들어 버린 튤립 대신 이 그림을 드리면 안 될까요?"

몹시 화가 났던 루이트머 백작은 메리안의 그림을 보고 깜짝 놀랐다.

"이걸 정말 네가 그렸단 말이냐? 이보게, 야코프, 자네 딸이 정말 이 그림을 그렸나?"

"글쎄요, 저도 그리는 걸 직접 보진 못했지만…… 틀림없이 제가 그린 건 아닙니다. 그러니 그림을 그린 사람은 제 딸이 맞는 것 같습니다."

아버지도 놀라서 그림에서 눈을 떼지 못했다.

"허허, 자네 딸의 재주가 놀랍군. 꽃을 훔친 건 괘씸하지만 이 아이의 재능을 봐서 용서하겠네."

한결 누그러진 루이트머 백작은 그림에서 눈을 떼지 못했다.

그날 이후, 열세 살 메리안은 아버지 야코프의 공방에서 그림 공부와 동판화(동으로 만든 판에 형태를 조각하여 도드라지게 만든 그림) 새기는 법을 배우게 되었다. '루이트머 백작의 튤립' 사건으로 메리안의 재능을 알아본 아버지는 기꺼이 딸을 제자로 삼았다. 비록 여자가 화가가 될 수는 없는 시대였지만 재능을 알아본 이상 이대로 썩히기엔 아까웠다. 아버지는 공방 한쪽에 메리안의 책상을 마련하고, 자신의 제자 중 가장 실력이 좋은 미늉에게 그림을 가르쳐 주게 했다.

메리안은 그림 연습을 하다가도 종종 붓을 멈추고 미래의 자기 모습을 그려 보았다. 바느질이나 자수를 배우는 또래 여자아이들과는 전혀 다른 삶이었지만, 조금도 두렵지 않았다. 무언가 넓은 세상, 가치 있는 일이 자신을 기다리는 것만 같은 생각이 들고 가슴이 설렜다.

어머니는 다른 아이들과 달리 곤충과 그림에 몰두하는 메리안이 못마땅했다.

"제발 얌전히 바느질과 살림을 배우면 좋으련만…… 쯧쯧쯧!"

어머니의 잔소리에도 메리안은 흔들리지 않았다.

"여자는 그저 좋은 남편 만나서 살림이나 잘하면 되는데, 무엇하러 쓸모도 없는 것들에 정신이 팔린 게냐?"

어머니는 딸이 평범하게 살지 못할까 봐 걱정되었으나 딸의 고집과 남편의 결정을 꺾을 수는 없었다.

날카로운 송곳으로 동판 위에 그림을 하나하나 새겨 넣는 작업은 어렵지만 재미있었다. 그림과 달리 수정하기가 쉽지 않았으나 동판 하나를 만들어 여러 장의 그림을 찍어 낼 수 있어서 메리안은 남다른 매력을 느꼈다. 더구나 찍을 때마다 조금씩 다른 느낌으로 나오는 그림은 단 하루도 똑같지 않고 바뀌는 자연처럼 메리안의 마음을 사로잡았다.

메리안은 햇볕이 화창한 날에는 들판과 숲속에서, 비가 오거나 흐린 날에는 야코프의 공방에서 시간을 보냈다. 메리안의 삶 속으로 자연과 곤충, 꽃, 그림과 판화가 깊이 들어와 자리를 잡았다. 이것은 마치 신이 오래전부터 메리안을 위해 남겨 두었던 길 같았다. 신이 사랑한 꽃과 곤충, 신비로운 자연의 세계를 담아낼 인간 세계의 심부름꾼! 그 사람이 바로 마리아 메리안, 자신인 것만 같았다.

## 2. 소녀, 더 넓은 세상으로

30년 전쟁이 끝나고 전쟁의 피해가 복구되자 독일에도 '대항해 시대'의 풍요로운 바람이 불어 왔다. 유럽의 여러 나라는 식민지로부터 그러모은 엄청난 부를 누리고 있었다. 중세의 박람회인 메세가 열리는 시기에 프랑크푸르트에는 세계 곳곳에서 가져온 진귀한 물건들이 전시되고 판매되었다.

메세에 가기로 한 날, 메리안은 아침부터 아버지를 재촉했다.

"아버지, 어서요. 서둘러야 해요. 구경할 게 아주아주 많단 말이에요."

메리안은 현관 앞에 나가 발을 동동 구르며 외쳐 댔다. 늘 조용하고 차분한 메리안이었지만 오늘은 한껏 들뜬 모습이었다. 메세가 열리는 3주 동안은 학교 수업도 없어서 메리안은 마음껏 새로운 문물을 구경하고 즐길 생각에 무척 들떠 있었다.

라인강을 따라 죽 줄지어 선 박람회장은 사람들로 붐볐다. 많은 사람이 이제껏 본 적 없는 진귀한 상품들을 구경하고 사려고 속속 모여들었다. 강렬하고 화려한 물건들을 좋아하는 바로크 시대 사람들에게 메세는 축제와 같았기 때문이다. 사람들은 무언가 새로운 것을 찾으려 바쁘게 쏘다녔고, 하나를 발견할 때마다 앞다투어 갖고 싶어 했다. 메리안도 박람회장 곳곳을 둘러보느라 시간 가는 줄을 몰랐다.

'아, 저건 뭐 할 때 쓰는 물건일까?'

'이 이상한 향기는 어디서 나는 거지? 향수 냄새는 아닌데?'

'세상에는 정말 신기한 것들이 많구나! 어느 나라에서 가져온 걸까?'

메리안은 난생처음 보는 물건들에 입이 딱 벌어졌다. 아시아에서 들여온 정신이 아득해지는 향기를 뿜어내는 향신료와 약초가 넘쳐 났고, 신기하게 생긴 무기와 탄약들도 있었다. 아프리카와 아메리카에서 들여온 상아와 물소 가죽 등도 당당한 자태를 뽐냈다.

신기한 물건들을 구경하느라 정신이 팔린 메리안은 자꾸 사람들과 부딪쳤다.

"메리안, 앞을 잘 보고 가야지. 그러다 다치겠다!"

아버지가 메리안을 걱정하며 뒤에서 불러 세웠다.

"네, 조심할게요. 그런데 신기한 게 너무 많아요. 저건 뭘까요?"

메리안은 호기심을 참지 못하고 또 저 혼자 앞으로 나아갔다. 넓은 박람회장을 바쁘게 쏘다녔으나 다리가 아프지도 않을뿐더러 피곤하지도 않았다.

"같이 좀 가자꾸나, 메리안. 그러다 길 잃어버릴라."

아버지가 뒤에서 불렀지만 메리안은 혼자 저만큼 앞서갔다.

메리안은 신기한 물건들 하나하나를 보며 상상의 나래를 폈다. 화려한 비단옷을 걸친 중국 황제가 호방한 웃음을 터트리는가 하면, 전쟁터에서 용맹하게 말을 달리며 진격하는 장군이 떠올랐다. 무더운 밀림에 울려 퍼지는 원숭이의 꺅꺅대는 소리와 이름 모를 새들의 노랫소리가 귓가에 들리기도 했다.

그러다가 정신이 아득해질 정도로 강렬한 향기를 뿜어내는 열대의 꽃들이 눈앞에 펼쳐졌다.

한참 구경하다 멈춘 고풍스러운 건물들 벽에는 서커스 공연을 알리는 포스터가 붙어 있었다. '유럽에서 가장 유명한 투바 서커스단이 상상하기 힘든 묘기를 펼쳐 보인다. 기대하시라!'라는 글귀와 함께 코가 빨간 피

에로, 황금 망토를 두른 코끼리, 익살맞은 원숭이가 그려진 포스터는 아이들의 마음을 빼앗았다. 하지만 메리안은 아시아의 신비로운 나라 중국이나 일본, 북극 등지로 떠나는 선박 여행 안내 팸플릿에 마음이 더 설렜다.

'아시아와 아프리카……. 이 신비로운 대륙에 직접 가 볼 수만 있다면……. 분명 우리나라와는 다른 곤충이 살고 있을 거야. 꽃은 또 얼마나 특이할까?'

상상만 해도 입이 다물어지지 않았다. 태어나서 단 한 번도 여행을 떠나 본 적이 없는 메리안에게는 꿈만 같은 일이었다. 메리안뿐만 아니라 당시 여성들은 바로 이웃 지방이나 이웃 나라로 갈 수 있는 기회가 없었다. 아무리 뛰어난 재능을 가졌더라도, 아무리 누를 수 없는 호기심을 가졌더라도 여자이기 때문에 기회는 없었다.

하지만 메리안은 마음속으로 다짐했다. 언젠가 꼭 커다란 배를 타고 신비한 나라들에 가 보리라고. 몇 달이 걸리고, 풍랑과 위험이 도사리고 있다 해도 두렵지 않았다. 미지의 세계에서 자신을 기다리고 있을 신기한 꽃과 곤충, 자연을 생각하면!

다행히 메리안의 호기심과 갈증을 풀어 줄 만한 곳이 있었다. 그곳은 바로 카스파어가 있는 공방이었다. 메리안은 열 살이 넘어서부터 혼자 걸어서 '메리안이 태어난 집'까지 갈 수 있게 되자 종종 카스파어 오빠를 찾아가곤 했다. 꽤 먼 거리였지만 카스파어를 볼 생각에 가는 길이 즐겁기만 했다.

'오빠가 이번에는 또 뭘 가져왔을까? 이번엔 두어 달 넘게 여행을 다녀왔으니까 들려줄 이야기도 많을 테고. 신난다!'

메리안보다 스무 살이나 많은 카스파어는 오빠이자 아버지 같은 존재였다. 카스파어는 마테우스 2세와 함께 아버지의 공방을 이어받아 꾸려 나가고 있었다. 공방에는 훌륭한 그림과 각종 서적 들이 있었다. 마테우스 2세와 카스파어가 유럽의 도시나 건축물을 스케치하기 위해 여행을 다니며 구해 온 진귀한 물건들도 있었다.

"내 동생 메리안, 잘 지냈니? 그새 아가씨가 다 됐구나."

카스파어는 다정한 목소리로 메리안의 이름을 불러 주었다.

"오빠, 잘 다녀왔어요? 이번에는 어느 나라에 갔다 왔어요? 어떤 그림을 가져왔나요? 빨리 보고 싶어서 막 뛰어왔어요."

메리안은 숨도 채 돌리지 않고 질문을 퍼부었다. 재능 있는 조각가인 카스파어가 유럽 각지를 돌며 구해 온 그림과 새로운 물건들이 메리안에게는 '작은 메세'였기 때문이다.

"아이쿠, 메리안, 땀 좀 닦고 얘기하렴. 도대체 어디서부터 뛰어온 거냐?"

카스파어는 활짝 웃으며, 메리안을 의자에 끌어 앉혔다. 그러고는 여행길에서 수집해 온 여러 가지 아름다운 그림과 신기한 물건들을 하나씩 꺼내 보였다.

"와, 이게 다 뭐예요? 이건 어디서 샀어요?"

메리안은 호기심 가득한 얼굴로 물건들을 구경했다.

"네가 보면 좋아할 거라 생각했다. 나랑 좋아하는 것도 비슷하니까. 여행하는 동안 네 생각이 많이 나더라. 우리 둘이 함께 다녔다면 정말 많은 이야기를 했을 것 같아."

"저도 아쉬워요, 오빠. 제가 여자가 아니라 남자였다면, 함께 여행 다닐 수 있었겠죠?"

카스파어는 실망한 메리안을 다독여 주었다.

카스파어의 공방에서는 아버지 마테우스의 작품도 볼 수 있었다. 마테우스가 새겨 넣은 동판화에는 유니콘, 인어, 용, 히드라 같은 동물들이 금방이라도 튀어나올 것처럼 꿈틀대고 있었다. 그 밖에도 정교하게 그려진 꽃과 애벌레, 풍뎅이, 벌, 나비 들이 화폭을 가득 채웠다.

"와, 정말 대단한 그림이에요. 어쩜 이렇게 생생할까요? 저 벌은 손을

대면 뾰족한 침을 쏠 거 같아요. 살아 있는 것처럼요."

"넌 참 특별한 아이야, 메리안! 여자아이들은 아무도 곤충을 눈여겨보지 않아. 예쁜 꽃이나 과일만 볼 뿐이지. 그런데 넌 곤충에 관심이 더 많구나."

"곤충이 얼마나 신기한데요. 생김새도 그렇고, 살아가는 모습도 그렇고요. 그림 속 곤충들이 자신의 비밀을 밝혀 보라며 손짓하는 거 같아요."

카스파어는 허허 소리 내어 웃더니, 곧 굳은 표정으로 말했다.

"하지만 메리안, 오빠는 걱정이 되는구나. 곤충은 더럽고 사람들에게 해를 끼칠 뿐이야. 악마의 친구이자 마녀의 화신이라고. 그러니 제발 신의 뜻을 거스르는 일은 삼가렴."

"네, 오빠, 걱정 마세요. 전 다락방에서 조용히 그림만 그리는걸요."

메리안은 오빠를 안심시키려 밝게 웃어 보였다.

"그보다 아버지 이야기를 해 주세요. 어머니는 아버지 이야기는 꺼내지도 못하게 해요. 전 아버지에 대한 기억이 별로 없어서 궁금하고 그리워요."

카스파어는 측은한 표정으로 메리안을 바라보았다.

"메리안, 아버지 기억이 안 나는 건 당연하지. 네가 너무 어렸을 때 돌아가셨으니까. 하지만 예술가로서 출판인으로서 아버지는 훌륭했단다.

누가 묻든 넌 마테우스 메리안의 막내딸이라고 자랑스럽게 대답해야 한다."

곧이어 카스파어는 아버지가 그린 『메리안 성서』를 가져와서 보여 주었다.

"이게 바로 아버지가 그린 동판화야. 성경의 중요한 장면을 동판화로 만들었지. 많은 사람이 이 성경책을 샀고, 한 권씩 가지고 있는 집도 꽤 있단다."

카스파어가 펼쳐 보인 『메리안 성서』는 정교한 그림과 화려한 색으로 그려져 있었다.

"이 '바리새인과 세관원의 기도'를 봐. 두 사람의 대조적인 모습에서 우리가 하느님을 대하는 태도가 어때야 하는지 생각하게 되지 않니?"

"정말 그래요, 오빠! 바리새인은 제단 옆에서 양팔을 벌리고 자랑스레 기도하고 있고, 세관원은 멀찍이 떨어져서 고개를 숙이고 있네요. 겸손한 모습으로 가슴을 치며 하느님께 자비를 청하고 있어요."

메리안은 이 그림을 그리던 아버지의 경건하고 겸손한 모습이 떠오르는 것 같아 기분이 좋아졌다.

"그래, 제대로 봤구나, 메리안! 아버지가 그린 『메리안 성서』는 그림으로 그려져 있어 어린아이들도 쉽게 접할 수 있을 정도란다."

카스파어도 뿌듯한 얼굴로 한마디 덧붙였다.

뒤이어 카스파어는 인도의 방대한 항해 여행기인 『동인도와 서인도의 기행 모음』이라는 책도 보여 주었다. 그 책은 아버지가 영국의 지리학자 해클루트의 도움으로 자료를 모아 그림을 그려 넣은 것이었다. 이 책은 드넓은 세계에 대한 소녀의 꿈을 더욱 부채질했다.

하지만 넓은 세상을 꿈꾸던 소녀 메리안도 마냥 밝게 웃을 수만은 없게 만드는 그림이 하나 있었다. 그것은 메리안 집안의 가족화였다. 마테우스 2세가 스무 살쯤 그린 가족화에는 메리안도 있었다. 가족의 한 사람으로 인정받아 그림 속에 그려진 것은 고마운 일이나 그림 속 메리안의 모습은 행복해 보이지 않았다.

아버지 마테우스와 큰오빠 마테우스 2세, 카스파어 오빠와 두 언니, 그리고 우울한 표정의 어머니 요한나가 그림 속에 있었다. 요한나는 우울하고 초라한 모습으로 그림 귀퉁이 그늘 속에 그려져 있었다. 요한나 곁에는 어린 메리안이 있었다. 메리안은 하늘색 드레스를 입고 천진난만한 표정을 짓고 있었지만, 무거워 보이는 석고상을 두 팔로 껴안고 있었다. 어린 메리안에게 무척 버거워 보이는 라오콘의 머리 석고상은 큰 바다뱀에게 물리기 직전의 고통스러운 표정을 짓고 있었다.

라오콘 군상은 인간의 가장 비참하고 처절한 순간을 표현하고 있었다. 그리스와 트로이 전쟁 때 트로이의 제사장 라오콘은 목마를 성안으로 들여오지 못하게 했다. 그러자 바다의 신 포세이돈은 신들의 계획을 눈치챈 인간이 못마땅하여 독을 품은 뱀을 보내 이들 부자를 죽게 했다는 이야기가 전해 온다. 그 이야기를 책에서 읽은 메리안은 마테우스 2세가 어떤 심정으로 그림을 그렸는지 알 것만 같았다.

'마테우스 오빠는 무슨 생각으로 나를 저렇게 그렸을까? 라오콘의 머리는 보기만 해도 소름이 끼치는데. 내가 정말 미운가 봐.'

메리안은 그림을 볼 때마다 큰오빠가 쏜 미움의 화살을 맞은 것처럼 몸이 떨렸다. 그리고 영원히 마테우스 2세에게 자신이 인정받을 수 없다는 생각에 두려웠다. 하지만 한편으론 자신과 마테우스 2세, 카스파어에게 똑같이 흐르는 피, 아버지 마테우스의 예술가적 피를 부정할 수 없다는 생각에 기뻤다.

마테우스 2세는 메리안보다 나이가 스물여섯 살이나 많았다. 그는 10대 때부터 기술을 배우기 위해 집을 떠나 있었다. 결국 파리와 런던, 암스테르담, 로마 등지에서 실력을 쌓아 초상화가로도 인정받는 사람이 되었다. 스승인 반 다이크나 루벤스 같은 화가가 되고 싶었으나 아버지의 죽음으로 꿈을 접고 가업을 물려받았다. 그러니 공방 일로도 바쁜 마당에 새어머니와 이복동생은 거추장스러운 짐으로만 느껴졌을 것이다.

메리안 모녀를 집에서 내보낸 마테우스 2세는 공방을 순조롭게 운영해 프랑크푸르트뿐만 아니라 유럽 전역에서 손꼽히는 커다란 출판사로 바꾸어 놓았다. 기술자를 뽑아 제자를 키웠고, 런던과 파리 등지에서도 주문을 받아 초상화도 그렸다. 그의 실력은 프랑스 대사로부터 '독일 제일의 화가'라는 찬사를 받을 정도였다.

반면 둘째 오빠 카스파어는 뛰어난 재능은 없었으나 장인 정신을 지니고 있었다. 카스파어는 메리안이 열한 살 때 큰일을 맡게 되었다.

프랑크푸르트에서 거행되는 레오폴트 1세의 대관식을 동판화로 묘사해 달라는 주문을 받은 것이다. 덕분에 메리안은 카스파어가 이 대관식을 처음부터 끝까지 동판에 새기는 과정을 지켜볼 수 있었다. 카스파어는 선두에 선 전령사를 비롯해 제후들과 위풍당당한 모습의 레오폴트 1세, 그리고 맨 마지막에 따라가는 마차까지 길고 성대한 행렬을 생생하게 그렸다. 그런 다음, 온 정신을 집중해 치밀하고 정확하게 동판에 정성껏 새겨 넣었다.

'카스파어 오빠는 정말 대단해. 어쩌면 저렇게 세심하고 정확할까! 제후들과 황제의 모습이 눈앞에 있는 것처럼 생생하다니······.'

오빠의 작업 과정을 옆에서 지켜보던 메리안은 감탄을 했다. 이제 겨우 가는 조각칼을 사용하던 메리안에게는 그런 오빠가 부럽고 존경스럽기까지 했다. 그 과정에 곁에서 배우는 것도 많았다. 특히 꼼꼼하게 스케치에 하나하나 번호를 매겨 가며 순서대로 정리하는 방법을 눈여겨보았는데, 메리안도 이 방법을 평생 잊지 않고 실천했다.

그러나 세계의 진귀한 물건들을 구경할 수 있는 보물창고이자 메리안의 정신적 버팀목이었던 생가에도 더 이상 갈 수 없는 날이 왔다. 어느 늦은 여름날, 공방에 놀러 간 메리안에게 카스파어가 말했다.

"사랑하는 동생 메리안, 슬픈 소식을 전해야겠구나. 오빠가 당분간 집을 떠나 있을 거 같아."

"또 어디로 여행 가나요? 이번엔 언제 와요?"

메리안은 어리광을 부리듯 물었다.

"이번엔 좀 오래 걸릴 거다. 그림 공부를 좀 더 하려고. 네덜란드로 갈 텐데, 몇 년 걸릴 거야."

"오빠처럼 그림을 잘 그리시는 분이 더 배울 게 있나요?"

"그럼, 아직도 배울 게 끝이 없지. 유럽 각지에서 온 다른 화가들을 만날 수도 있고. 그러다 보면 새로운 기법도 배우고, 얻는 것도 있을 거야."

메리안은 언젠가 어린 시절 어두운 정원 구석에 앉아 있을 때처럼 무섭고 외로운 마음이 들었다.

"오빠가 가 버리면 전 이제 누구랑 얘기하고, 누구에게 배워야 하죠?"

"나도 너를 자주 볼 수 없다고 생각하니 슬프구나. 하지만 오빠가 더 넓은 곳에서 배워 와서 많이 가르쳐 줄게."

카스파어는 메리안의 손을 잡으며 약속했다.

하지만 외로운 열세 살 소녀는 그 이후 다시는 생가에 갈 수 없었다. 메리안은 그렇게 차츰 어른이 되어 갔다.

# 3. 곤충의 비밀에 다가서다

 당시 프랑크푸르트에는 누에를 길러 실을 뽑는 양잠업이 크게 유행했다. 마음만 먹으면 누에를 구할 수 있었다. 곤충에 관심이 많은 메리안이 이 기회를 놓칠 리가 없었다.

 메리안은 마을 외곽 양잠소를 찾아가 누에알을 얻어 와서 기르기 시작했다.

 마침내 알에서 애벌레들이 깨어났을 때 메리안의 심장은 터질 것만 같았다.

 '드디어 알에서 누에가 나왔어. 누에고치가 돼도 실을 잣지 않고 놓아

두면 무엇이 되는지 알 수 있겠지!'

 메리안은 아기처럼 조심스럽게 정성을 다해 누에를 길렀다. 정원이나 들판에서 갓 뜯은 잎과 신선한 식물들을 먹이로 주었다. 메리안은 방 안에 숨겨 키운 누에가 담긴 유리병을 틈만 나면 들여다보았다. 나무 잎사귀를 넣어 주고 정성껏 돌본 지 며칠 만에 알을 깨고 나온 누에였다. 갓 태어난 애벌레는 털이 많고 색이 검어서 얼핏 개미를 연상시켰다. 신이 난 메리안은 날마다 신선한 뽕잎 잎사귀를 구해다 유리병에 넣어 주었다.

 누에들은 밤낮없이 뽕잎을 먹어 댔고, 나흘 정도 지나자 허물을 벗고 뽀얀 누에의 모습이 되었다.

 '우윳빛을 띤 말랑말랑한 애벌레가 갓난아기처럼 사랑스럽기까지 하구나! 꿈틀대며 병 속을 기어 다니는 애벌레는 자라면 무엇이 될지 모르는 신기한 존재 같아. 무한한 가능성을 지닌 미지의 생명체!'

 메리안은 감탄을 하며 누에들을 바라보았다. 메리안의 눈에는 애벌레들이 이 세상 어느 생명체보다 신기하고 사랑스럽게 보였다.

 통통하게 살이 오른 애벌레는 몸이 적갈색으로 변하면서 실을 뽑아내기 시작했다. 그러면서 몸을 이리저리 움직여 실을 칭칭 감아 타원형의 하얀 고치를 만들었다. 누에가 마지막 허물을 벗은 지 일주일 정도 지나자 하얗고 가느다란 실에 둘러싸인 고치가 만들어지고, 다음 날이 되자 고치는 거의 완성이 되었다. 그리고 다시 일주일이 지나자 고치는 번데기의 모습으로 탈바꿈했다. 보통은 이때 고치에서 실을 뽑아 비단을 만들지만, 메리안은 번데기의 변화를 지켜보기로 했다.

그때부터 다시 기다림의 시간이 시작되었다.

메리안은 밥을 먹을 때도 '언제쯤 번데기 모습이 바뀔까?' 하고 생각했고, 빨래를 할 때도 '번데기 모습이 어서 바뀌었으면 좋겠다' 하고 생각했다. 길을 가다가도 '어쩌면 지금 번데기가 변신했을지도 몰라' 하는 생각에 집으로 뛰어왔다. 메리안의 머릿속에는 온통 번데기에 대한 생각뿐이었다.

메리안은 누구에게도 애벌레를 관찰한다는 사실을 들켜서는 안 되었다. 자칫하면 마법을 부리는 사악한 마녀로 몰려 재판을 받을 수도 있었기 때문이었다. 원인 모를 전염병이 돌거나 홍수나 태풍이 나면 모두 마녀 탓으로 돌려 마녀 재판을 열던 시대였다. 당시 독일에서는 아무 죄도 없는 여자들이 마녀로 몰려 죽임을 당했고, 마리안처럼 열세 살밖에 안 되는 어린아이도 예외는 아니었다.

그즈음, 메리안이 거실 문 앞을 지나다가 우연히 아버지와 어머니의 대화를 듣게 되었다. 막 이웃 마을 친구 집에 다녀온 아버지가 옷도 갈아입지 않고 어머니를 불렀다.

"여보, 그 얘기 들었소?"

"무슨 얘기요?"

"이웃 마을에서 그저께 마녀 화형식이 있었대요. 곤충을 아주 좋아하던 젊은 여자가 마녀로 몰려 죽었다는군."

"곤충을 좋아한다고 마녀로 몰다니, 듣기만 해도 소름이 끼치네요. 우리 메리안도 곤충을 좋아하잖아요."

어머니의 목소리가 살짝 떨리고 있었다.

"그래서 말인데, 우리 메리안도 각별히 주의를 시켜야겠소. 계집애가 요즘 세상이 얼마나 무서운 줄도 모르고 밤낮으로 곤충 타령만 해 대니!"

아버지는 누가 듣기라도 할까 봐 목소리를 낮추어 말했다. 문 뒤에서 이야기를 듣던 메리안은 저도 모르게 몸을 부르르 떨었다.

'아, 곤충을 좋아하는 것이 무슨 죄라고? 사람들은 잘못된 생각을 하는 거야. 곤충이 얼마나 아름답고 신비로운지 몰라서 그러는 거야!'

메리안은 자신에게 닥쳐올지도 모르는 위험이 두렵기도 했지만, 한편 오히려 더 호기심과 열정이 솟아나는 느낌이 들었다.

그때부터 메리안은 번데기 관찰에 더 몰두했다. 알에서 애벌레가 깨어 나오고, 애벌레는 다시 고치를 틀고, 고치는 번데기가 되어 간 과정을 단 한순간도 놓칠 수 없었다. 메리안은 이 과정을 하나하나 그림으로 그

렸다. 애벌레부터 번데기와 나비가 되는 과정까지를 한 장의 그림 속에 담은 것은 메리안만의 획기적인 방법이었다. 이 방법은 오늘날에도 곤충이나 식물의 한살이를 표현할 때 쓰인다.

메리안은 밤늦게까지 자지 않고 있다가, 잠깐 잠이 들었다.
'타닥타닥!'
잠결에 이상한 소리가 들렸다.
'무슨 소리지? 이상한데?'
잠에서 깬 메리안이 소리가 나는 곳을 찾다가 유리병으로 다가갔다. 그렇게 손꼽아 기다리던 순간이었다. 잠에서 깬 메리안은 서둘러 침대 밖으로 나왔다. 알 수 없는 예감이 메리안을 재촉했다. 메리안은 잠옷 바람으로 유리병에 다가섰다.
"아!"
메리안의 입에서 희미한 탄성이 흘러나왔다. 고요하던 병 속의 고치가 흔들리고 있었다. 곧이어 고치 앞쪽으로 거무스름한 머리가 보이기 시작했다. 나방은 작은 머리로 안간힘을 쓰며 고치를 힘차게 밀어 올렸다.
누에의 번데기에서 신비로운 모습의 나방이 생겨 나오는 순간이었다. 갓 나온 나방은 물속에서 빠져나온 듯 몸은 젖어 있었고 날개도 착 접혀 있었다. 그러나 곧 물기가 마르자 나방은 본디 모습을 드러냈다.

"기어 다니던 애벌레가 멋진 날개를 가진 나방이 되다니……. 어떻게 이렇게 전혀 다른 모습으로 다시 태어날 수가 있지? 정말 신기하고 이상한 일이야."

메리안은 마치 꿈을 꾸는 것만 같았다.

"사람들이 그동안 말한 건 진실이 아니었어. 다들 잘못 알고 있었던 거야! 나방이 하늘에서 갑자기 뚝 떨어지는 게 아니었어."

메리안은 눈으로 보고도 믿을 수가 없었다. 당시 사람들은 더러운 진흙 속에서 저절로 애벌레가 생겨나고, 나비와 나방은 여름이 되면 하늘에서 뚝 떨어지는 '여름새'라고 믿었다. 그런데 애벌레가 변해 나방이 되다니 상상조차 할 수 없는 일이었다.

이것은 메리안의 삶에서 아주 중요한 사건이었다. 이 일을 계기로 메리안은 평생 곤충과 식물을 관찰하고, 연구하고, 그리는 사이언스 아티스트의 길을 가게 된다.

이제 메리안은 평생 관찰하고 연구할 대상을 발견했다.

"지금껏 사람들이 싫어하고, 보잘것없이 여긴 곤충의 비밀을 밝혀내고 말 거야. 그래서 사람들이 미처 알지 못한 곤충의 매력을 깨닫게 해 주고 싶어. 내 그림 실력이면 곤충의 신기한 모습뿐 아니라 움직임과 생활까지

고스란히 전해 줄 수 있어!"

뚜렷한 목표가 생긴 메리안은 가슴이 벅차올랐다.

무엇보다 누에가 나방으로 변한 것처럼 새로운 모습으로 변해 가는 곤충의 비밀을 혼자서만 알고 있기엔 너무나도 안타깝고 아까운 마음이 들었다.

메리안은 아버지 마테우스를 닮아 사업가 기질도 있었다.

'누에보다 고급스럽고 많은 실을 뽑아낼 수 있는 곤충이 분명히 있을 거야. 그런 곤충만 찾아낸다면 획기적인 사업이 될 텐데!'

메리안은 자신이 하고 싶은 일을 평생 걱정 없이 하기 위해 돈을 벌고 싶었다. 무엇인지는 알 수 없으나 그런 획기적인 곤충을 찾기만 한다면 자신의 꿈에 성큼 다가설 수 있을 것 같았다.

어느 여름날 저녁, 메리안은 어머니 곁에 앉아 바느질을 하고 있었다.

"메리안, 너도 이제 곤충 채집 같은 건 그만하고 살림하는 법을 좀 더 배웠으면 좋겠구나. 네 또래 아이들은 당장 시집을 보내도 될 정도로 살림을 잘한단다."

"왜 살림을 배우고, 결혼을 꼭 해야만 해요? 전 곤충을 관찰하고 그림으로 그리는 것이 더 행복하고 좋은데요."

"철없는 소리 하고 있구나, 메리안. 여자는 좋은 남자한테 시집가서 자식을 많이 낳고 사는 것이 행복이야. 그건 누구도 거스를 수 없는 여자들의 숙명이라고."

어머니는 바느질하던 천을 내려놓고 한숨을 쉬며 말했다.

"전 다른 여자들과 똑같이 살고 싶지 않아요. 전 다른 여자들이 좋아하는 것들에는 아무 관심도 없어요. 어머니도 잘 아시잖아요. 그냥 제가 가장 좋아하는 일을 하고, 그 일로 돈도 많이 벌고 싶다고요."

메리안은 고집스러운 표정을 지었다.

"네가 좋아하는 일? 들판에 나가서 곤충이나 잡고, 그것들을 따라 그리는 일? 도대체 그게 무슨 쓸모가 있다는 거니? 그런 일들이 돈이 된다고 생각하니?"

어머니는 화가 나서 메리안을 꾸짖었다. 그리고 잔소리를 쏟아냈다.

"그런 허황된 생각은 제발 그만둬. 요즘 누가 곤충 따위에 관심이 있다고. 마녀로 몰려 죽지 않으면 다행이지. 난 그저 네가 다른 아이들처럼 자라기를 바랄 뿐이야."

"어머니, 아무리 말려도 소용없어요. 저는 이미 평생 그 일을 하기로 결심했어요. 어머니도 언젠가는 제 선택이 옳았다고 생각하게 되실 거예요."

메리안은 조금도 뜻을 꺾지 않고 당차게 말했다.

어머니가 말리면 말릴수록 메리안은 곤충 연구에 몰두했다.

"그래, 이참에 '대추 씨'라고 부르는 그것도 연구해 봐야겠어. 누에처럼 잘 길러 보면 뭐가 나오는지 알 수 있겠지!"

메리안은 정원으로 나가 나뭇잎에 붙어 있는 검고 단단한 씨앗처럼 생긴 것을 가져왔다. 그것은 대추 열매처럼 생겼으나 열매는 아니었기 때문에 이전부터 궁금하던 참이었다.

'대추 씨'를 겨울 동안 사육하면서 지켜보던 어느 날 마침내 나비가 태어났다. 메리안은 더 많은 곤충을 관찰하고 싶은 마음에 여러 가지 애벌레를 잡아 와 기르기 시작했다. 덕분에 친구는 거의 사귈 수 없었다. 인형이나 자수 대신 곤충을 좋아하는 소녀를 다들 이상한 눈초리로 바라볼 뿐 친구가 되려 하지 않았다. 메리안에게 호감을 느끼고 다가왔던 소녀들도 곤충을 좋아하는 모습에 깜짝 놀라 물러섰다. 친구들과 멀어지고 외톨이가 될수록 메리안은 곤충과 더 가까워졌다.

메리안은 곤충을 스케치하고 보고 느낀 내용도 꼼꼼하게 적어 두었다.

"이 애벌레는 어떤 나무든 잘 먹는다. 튤립까지 먹어 치우는데 줄기는 안 먹고 꽃잎만 좋아한다. 앵초도 좋아하는데 이 애벌레가 훑고 지나가면 앵초는 마치 잔치가 끝난 식탁처럼 아무것도 남지 않는다. 이 애벌레를 손으로 건드리면 가는 실을 타고 땅으로 내려갔다가 다시 그 실을 타

고 올라간다. 그리고 아주 재빨리 도망친다."

　이렇게 차곡차곡 메모해 둔 내용은 필요하면 언제든지 찾아볼 수 있도록 잘 정리해 두었다.

　주위에서 곤충에 대해 가르쳐 주는 사람도 없었고, 궁금한 내용을 찾아볼 수 있는 책도 없었기 때문에 오로지 메리안 혼자 해내야 하는 일이었다. 메리안은 하나하나 관찰하고 또 관찰했고, 메모하고 또 메모했다. 초록색 애벌레가 나비로 변태하고, 송충이가 나방으로 변신했다.

　예쁜 색깔의 애벌레가 항상 아름다운 나비로 변하진 않았고, 칙칙한 색깔과 모습을 한 애벌레에서도 아름다운 나비가 태어났다. 이것은 메리안에게 새로운 희망을 심어 주었다. 어쩌면 자신의 삶도 아름다운 나비의 날갯짓처럼 훨훨 높고 넓은 세계로 나아갈 수 있으리라는 희망이 어렴풋이 자라나고 있었다.

　이제 메리안은 자연 속 식물과 곤충을 단순히 관찰하는 단계를 넘어서 직접 실험하고 연구하며 궁금증을 풀어 나갔다. 이것은 호기심과 열정뿐 아니라 엄청난 인내력이 필요한 일이었다. 풍뎅이가 성충이 되는 과정까지 관찰하려면 무려 3년이 걸리고 그보다 긴 시간을 들여야 했던 곤충도 있었지만 메리안은 묵묵히 해냈다.

## 4. 결혼, 그리고 새로운 인생

 1664년, 열일곱 살이 된 메리안은 아버지 야코프 마렐의 공방 가까이에 사는 이웃 여자아이들을 가르쳤다. 그림 솜씨가 훌륭하다는 소문이 나서 메리안을 찾는 사람들이 제법 많았다. 메리안은 곧 마렐 공방에서 없어서는 안 될 사람이 되었다.

 어느 날, 공방 안으로 낯익은 청년이 들어섰다. 그의 이름은 요한 안드레아스 그라프로, 한때 마렐의 제자였다. 그라프는 4년 동안 마렐 공방에서 기술을 배웠지만, 메리안이 열 살 되던 해에 이탈리아로 떠났다. 그 뒤로 7년이 지났고, 고향 뉘른베르크로 돌아가는 길에 마렐 공방에 잠깐 들른 참이었다. 메리안의 어머니 요한나는 그라프를 저녁 식사에 초대했다.

"그라프, 닭고기 요리 좀 들게나."

마렐이 그라프에게 요리를 권하는 사이에 요한나는 궁금증을 참지 못하고 물었다.

"이탈리아는 어땠나요? 거기에 동판화를 그리러 갔으니, 돈도 꽤 벌었겠죠?"

"네, 다행히 이탈리아에선 일거리가 밀려들었죠. 덕분에 돈도 조금 모았고요."

그라프는 소탈하게 웃으며 여행담을 들려주었다. 바로크 시대 미술의 근원지인 이탈리아 로마의 이야기를 듣느라 메리안은 식사도 제대로 하지 않았다. 고전적이고 균형 잡힌 르네상스 미술과 달리 역동적이고 개성 넘치는 바로크 시대 미술 이야기는 메리안의 마음을 사로잡았다.

'아, 나도 이탈리아에 가고 싶다. 저 사람이 말하는 작품들을 직접 보고 싶어!'

메리안은 부러운 마음을 누르며 말없이 들었다.

"자네가 이렇게 멋진 청년이 되어 돌아오다니, 반갑고 기쁘네."

마렐은 옛 제자를 다시 만나 기쁘고 또 한편으로 대견했다.

"그 사이 메리안이 몰라보게 자랐군요. 제가 공방을 떠날 땐 꼬맹이였는데 이제 아가씨가 다 되었어요."

메리안은 얼굴이 빨개져서 고개를 푹 숙였다.

"허허, 그랬지. 그때 메리안은 아이였으니까. 제법 솜씨가 좋아 우리 공방의 인재라네."

마렐이 어깨를 으쓱해 보이며, 메리안 자랑을 늘어놓았다.

"그러고 보니, 우리 메리안과 그라프가 딱 열 살 차이고 둘 다 결혼 적령기네요."

요한나가 의미심장한 말을 하며 웃어 보였다.

그라프의 방문을 계기로 메리안의 혼담이 아주 빠르게 진행되었다. 누구보다 요한나가 그라프를 사위로 삼고 싶어 했으며, 메리안 또한 쾌활하고 사교적인 청년이 싫지 않았다. 조용하고 내성적인 자신과 달리 활달하고 적극적인 청년에게 끌렸기 때문이다. 무엇보다 그라프와 결혼하면 프랑크푸르트를 떠나 새로운 도시에서 새로운 인생을 시작할 수 있을 거란 생각이 들었다. 그라프도 예쁘진 않지만 재능 있는 아내를 맞아들인다면 언젠가 새로운 공방을 열 수 있겠다는 생각을 했다.

메리안은 열여덟 살 생일이 지나고 한 달쯤 뒤에 그라프와 결혼식을 올렸다. 소박하고 조용한 결혼식이었다. 결혼한 다음에도 메리안은 친정집을 떠날 수 없었다. 독립할 만한 돈이 없었기 때문에 둘은 새로운 집이 아니라 마렐 공방에서 일을 하며 돈을 모을 수밖에 없었다. 어머니 요한나도 딸이 훌쩍 떠나 버리지 않고 살림을 도와주길 바랐다. 메리안은 결혼한 지 3년 만에 딸을 낳았다. 아이의 이름은 어머니의 이름을 따서 요한나 헬레나라고 지었다.

그 뒤 2년을 더 마렐 공방에서 일한 뒤 메리안 부부는 그라프의 고향인 뉘른베르크로 떠날 수 있었다. 이제 메리안에게 진정 새로운 삶이 찾아오는 것만 같았다.

메리안 부부와 아기는 마차로 꼬박 하루 이상 걸려서 뉘른베르크에 도착했다. 어린 딸을 데리고 거센 바람을 뚫고 나선 여행길이라 결코 순탄치 않은 여행길이었다. 120개의 문이 달린 성벽을 지나자 좁고 메마른 땅이 펼쳐졌다. 프랑크푸르트에 비하면 작은 도시였던 뉘른베르크에는 포도밭도, 대형 선박도 없었다. 그러나 화가 알브레히트 뒤러와 조각가 바이트 슈토스를 낳은 예술가의 도시이자 장인의 도시였기에, 대도시와는 다른 멋이 있었다. 그곳에는 자물쇠 제작, 인형 제작, 판화 인쇄, 화폐 주조, 도예, 주물, 유리 제조 같은 여러 분야의 장인들이 모여 있었다.

얼마 지나지 않아 메리안도 이곳을 좋아하게 되었다. 더 이상 어머니가 시키는 대로 집안일을 하지 않아도 되었다. 세탁이나 청소를 해야 해서 곤충을 연구하는 일을 잠시 멈출 필요도 없게 되었다. 더구나 그라프는 메리안이 곤충을 관찰하고 연구하는 일을 도와주지는 않았지만 반대하지도 않았다.

메리안은 딸 헬레나를 돌봐 줄 유모를 구한 다음부터 원하던 일을 마음껏 할 수 있게 되었다. 그라프의 생가에는 커다란 정원도 있어, 돋보기로 곤충을 관찰하기에 더없이 좋은 장소였다. 그리고 여러 방 중 작은 방 하나를 곤충 사육장으로 꾸밀 수 있었다. 사육장에는 선반을 만들어 작은 바구니와 사육 상자, 표본용 도구, 포충망, 스케치 망 등을 올려놓았다. 방 한쪽에는 표본 제작을 위한 커다란 탁자도 마련했다.

"와! 정말 신나요! 이제야 마음껏 곤충을 관찰하고 연구할 공간이 생겼어요. 어렸을 때부터 꿈에 그리던 일이에요."

마리안은 그라프에게 활짝 웃어 보였다.

"그래요, 여기서 자유롭게 곤충을 기르고 관찰해 봐요. 난 당신 일을 반대할 생각은 없소."

그라프는 너그러운 얼굴로 말했다.

"당신이 그렇게 말해 주니 다행이에요. 이제야 늘 제가 바라던 대로 마음껏 곤충을 연구하고 수집할 수 있게 되었어요!"

그곳에서 갖가지 곤충들을 사육할 생각에 메리안은 정말 행복했다.

1670년, 메리안 부부는 작은 공방을 열었다. 메리안은 집 근처에 사는 소녀들을 모아 그림과 자수를 가르쳤다. 이 작은 교실을 '소녀들의 모임'이라고 이름 붙였다. 이 모임에는 장인 계급 중에서도 상류층 집안의 딸들이 나왔다. 그리고 귀족의 딸도 한두 명 끼어 있었다.

그림이나 자수의 소재 중에는 꽃과 곤충, 과일 등이 있었다. 소녀들은 차츰 곤충의 매력에 빠져 갔다. 특히 곤충 표본을 모으던 시대라 큰 거부감이 없었다. 곤충 표본은 네덜란드 같은 외국에선 아주 비싼 값에 팔려 나갈 정도였으므로 꽤 경제적인 취미였다.

"곤충 채집 나가실 때 우리도 데려가 주세요. 선생님."

그림을 잘 그리는 제자 도로테아 아우어가 눈을 반짝이며 말했다.

"그림과 자수만으로도 배울 것이 많은데 괜찮겠니?"

"네, 괜찮아요. 그림과 자수를 배우다 보니 곤충 채집도 재밌을 거 같아요."

다른 소녀들도 기다렸다는 듯이 졸랐다.

"그렇다면 좋아. 오늘부터 들판에 같이 가자꾸나. 예쁜 색을 띤 곤충들을 직접 잡아서 표본으로 만들다 보면 색깔 감각도 생기고 형태를 잡을 때도 도움이 될 테니."

메리안은 소녀들에게 돋보기로 곤충을 관찰하는 방법이나 표본을 만

드는 방법을 가르치기 시작했다. 불꽃으로 바늘을 달구어 곤충을 단숨에 찔러 죽이는 방법과 핀셋을 사용하는 방법도 하나하나 보여 주며 가르쳤다.

"이 잠자리는 날개가 아주 얇지. 핀셋으로 조심스럽게 펼쳐야 찢어지지 않아. 이 표본 받침대에 잘 고정한 뒤 한참 말려야 해."

"멋져요, 선생님. 이 표본은 얼마나 말려야 해요?"

"완전히 마르려면 한 달쯤 걸린단다. 그리고 표본 상자에는 기름을 발라 두어야 해. 그래야 진드기가 생기지 않아."

소녀들은 곤충 채집이 그림이나 자수 못지않게 재미있다는 사실을 알아 갔다. 메리안은 자신이 알고 있는 지식을 하나도 빼놓지 않고 제자들에게 알려 주었다.

소녀들 중 몇몇은 이런 메리안의 열렬한 제자가 되어 가고 있었다. 그중 아우어는 훗날 메리안이 둘째 딸에게 그의 이름을 붙여 주고, 나이 들어서까지 편지를 주고받을 만큼 절친한 친구가 되었다.

이 무렵 메리안은 천에 그림을 그리는 작업에 관심이 더 많았다. 견직물, 리넨, 새틴 같은 천에 화초 그림을 그렸는데, 독특한 화풍이 인기를 얻게 되었다. 그래서 그림을 그려 달라는 주문이 끊이지 않았다.

어느 날, 바덴바덴 주변에 사는 백작 부인이 식탁보를 주문해 왔다.

'바덴바덴이면 여기서 꽤 먼데……. 멀리서 주문을 했으니 더 정성스럽게 만들어 드려야겠어. 백작댁이니 연회도 많이 열릴 테고. 화사하고 멋진 식탁보가 그 가문의 품격을 말해 주니까 신경이 많이 쓰이네. 무엇보다 깨끗하게 유지하려면 자주 세탁해야 하고, 그럼 금방 빛이 바랠 텐데. 애써 성대하게 차린 음식도 맛이 없어 보일 거야.'

메리안은 주문을 받은 날부터 식탁보는 만들지 않고 이런 고민에 빠졌다.

"그래, 좋은 수가 있어. 자연에서 재료를 얻는 거지. 세월이 지나도 빛이 바래지 않는 건 자연색이야."

끈질기게 생각하고, 깊이 고민한 메리안은 여러 가지 과일에서 직접 즙을 내어 그것으로 그림을 그렸다. 과즙 그림물감으로 그린 그림은 화려하면서도 자연스러운 분위기를 풍겼다.

며칠에 걸려 제작한 식탁보를 받아 본 백작 부인은 아주 마음에 들어 했다. 그리고 백작에게 이야기한 덕분에 이번에는 야전용 지휘관 천막에 그림을 그려 달라는 주문이 들어왔다. 메리안은 흔쾌히 꽃과 곤충이 있는 야산 풍경을 그려 주었고, 이것은 100년 뒤에도 색깔이 변하지 않았다고 한다.

메리안의 천 그림이 아름답고 훌륭하다고 소문이 나자, 작품집을 간행하자는 제안이 들어왔다.

"전부터 작품집을 만들고 싶었는데, 좋은 기회야. 순수 예술 작품 말고 실용적인 작품집을 만들고 싶어. 젊은이들의 자습서이자 여성들의 자수 견본이 되고, 예술 애호가들에게는 즐거움을 제공할 화첩을."

메리안은 망설이지 않고 승낙한 뒤, 곧바로 작업에 들어갔다. '소녀들의 모임'에서 발 벗고 나서 준 덕분에 작업은 순조롭고 빠르게 진행되었다. 메리안은 친아버지와 새아버지, 그리고 그 밖의 작가들 작품을 많이 모방했다. 하지만 그대로 베끼는 것이 아니라 과감하고 개성적인 색깔을 담아냈다. 메리안 자신의 해석과 개성을 담아 변형한 그림들이었다.

마침내 『꽃 그림책 1부』가 출간되었다. 이 책은 전부 열두 장으로 이루어진 채색 동판화집으로, 메리안의 첫 작품집이었다. 작품집은 자수공이나 화가뿐만 아니라 가정주부들에게도 인기가 많았다.

"어쩜, 이 나팔수선은 바람에 나부끼는 듯한 느낌이야. 줄기가 아름답게 춤추고 있잖아."

"이 그림은 또 어떻고. 나비가 금방이라도 날아오를 것 같잖아."

"이상해. 이 작품 속 곤충들은 징그럽지가 않아. 모기도, 거미도 생동감이 넘쳐서 뭔가 생명의 신비 같은 게 느껴져."

"지금까지 나온 자수집과는 달라. 조용하고 정적인 게 아니라, 활기차고 긴장감마저 돌잖아!"

『꽃 그림책 1부』는 날개 돋친 듯이 팔려 나갔고, 메리안은 2년 뒤에 『꽃 그림책 2부』, 다시 3년 뒤에 『꽃 그림책 3부』를 출간했다. 그리고 세 권의 그림 서른여섯 장을 한데 묶어 『새로운 꽃 그림책』도 냈다. 메리안의 작품집은 뒤로 갈수록 색상에 생기가 넘치고, 선들을 자연스럽게 처리하고 있어 사람들에게 많은 사랑을 받았다.

메리안은 작품집 모두에 자신의 이름 밑에 '마테우스 메리안의 딸'이라고 썼다. 자신의 집안과 아버지에 대한 자랑스러움을 잊지 않기 위해서였다.

"난 누가 뭐래도 뛰어난 화가 마테우스의 재능을 물려받은 딸이야. 아버지가 돌아가실 때 유언으로도 말한 것처럼! 마테우스 집안의 형제자매들이 나를 인정하지 않아도, 이건 어쩔 수 없는 사실이야!"

이런 자부심으로 메리안은 작품집 한 권 한 권에 공을 들였다. 메리안의 이런 자부심은 작품 속에 고스란히 담겼다.

『꽃 그림책』이 출간되고 나서 메리안은 점차 유명해졌다. 사람들의 칭찬에 우쭐해지고 게을러질 수도 있었으나 메리안은 그렇지 않았다.

"이제 꽃보다 곤충을 주인공으로 그림을 그리고 싶어. 아우어, 난 말이야, 뭔가 곤충에 관한 획기적인 책을 만들고 싶어. 꽃을 빛내 주기 위해 곤충을 그리는 것이 아니라 곤충이 주인공이 되는 책!"

메리안은 아우어에게 자신의 심정을 털어놓았다.

"좋은 생각이에요. 선생님은 예전에도 해외 곤충 애호가들에게서 진귀한 작품이나 표본을 모아 오셨고, 그걸 그린 시험작들을 발표하셨잖아요. 그때 높은 평가를 받았고요."

"너도 그렇게 생각하니? 난 누가 뭐래도 곤충을 그리고 싶어. 그리고 그것들에 대한 나의 사랑과 열정을 고스란히 담긴 책을 내고 싶어."

"뭘 망설이세요? 그런 책이 나온다면 사람들은 또다시 몰려들 거예요. 이제 그런 책이 나올 만한 시기가 되었어요."

아우어는 메리안의 생각을 격려하고, 메리안에게 힘을 불어넣어 주었다.

"그래, 그럼 지금부터 준비해야겠어. 이 책은 그냥 자수집이 아니라 학문과 예술을 통합한 책으로 만들어야 해. 그러려면 라틴어도 배워야 하고."

메리안은 새로운 목표가 생기자 몸속 깊은 곳에서 뜨거운 힘이 솟아나는 것 같았다.

# 5. 획기적인 곤충책

당시의 여성들은 '집안일이 최상의 일'이라는 인식 속에 대학에 갈 수 없었다. 학문을 제대로 배우려면 라틴어를 배워야 하는데, 여성들에게는 기회조차 없었다. 다행히 메리안은 화가이자 저술가인 산드라르트에게 인정받아 그와 다른 교수들이 개최하는 특별 강좌에 참가해도 좋다는 허락을 받았다. 메리안은 그곳에서 라틴어와 박물학을 배웠다. 그렇게 메리안은 서두르지 않고 차곡차곡 다음 책을 위한 준비를 해 나갔다.

당시 대학에서는 마술, 점성술은 정식 강좌였지만 자연과학 분야는 학문으로 인정받지 못했다. 그러니 곤충학이 있을 리가 없었고, 곤충처럼

작고 보잘것없는 대상을 연구하는 학자도 없었다. 덕분에 메리안은 남성들과 경쟁하지 않고 자신만의 영역을 만들어 나갈 수 있었다.

그 사이 메리안은 둘째 딸 도로테아 마리아 헨리에테를 출산했고, 이듬해에 곤충 그림책을 완성했다. 1679년, 드디어 5년에 걸쳐 준비한 곤충 그림책이 출간된 것이다. 제목은 『애벌레의 경이로운 변태와 그 특별한 식탁』이었다.

메리안은 이 책에 "독자 여러분은 100종류 이상의 곤충의 변태를 보게 될 것입니다"라고 자신 있게 썼다. 이 책에는 소녀 시절부터 꾸준히 관찰해 온 온갖 곤충들의 생태를 담았다. 애벌레부터 성충이 되기까지 몇 년이 걸리는 곤충들도 끈질기게 연구한 덕분에 이 책에 담을 수 있었다.

이 책은 『꽃 그림책』보다 한층 더 개성적이고, 예술적이었다. 메리안의 재능이 그림 하나하나에 한껏 발휘되어 과학과 예술이 어우러진 멋진 작품집이었다. 책 속에는 저자에 대한 찬사가 실렸는데, 천문학자였던 크리스토프 아르놀트는 "동시대의 박물학자와 어깨를 나란히 할 수 있는 놀라운 여성"이라고 했다.

사람들은 특히 한 장의 그림 속에 알, 애벌레, 번데기, 성충으로 변태하는 과정을 함께 담고, 그 곤충의 먹이인 화초도 함께 그려 넣은 방식에 매우 놀랐다.

"이건 마치 시간의 흐름을 한 장의 그림 속에 모두 담아 놓은 것 같아. 곤충의 한살이를 한눈에 볼 수 있도록 그리다니 정말 획기적인 생각이야."

"맞아요. '백합꽃과 밤나방'을 보세요. 알부터 애벌레와 나방까지 백합꽃 한 포기 위에 모두 그려 놓았어요. 몇 장의 설명보다 훨씬 쉽고 빨리 이해할 수 있겠어요."

"곤충들이 먹는 화초는 물론 발견 장소와 변태 기간, 작가 자신의 설명도 곁들이다니…… 오래 공들인 흔적이 보여. 정말 대단한 여성이군!"

"여기 '기생벌의 변태'를 보세요. 이것을 그린 사람은 메리안이 처음이에요!"

그림뿐만 아니라 그림을 설명하는 글에도 메리안의 문학적 표현이 멋지게 스며들었다. '머리빗처럼 생긴 송충이', '물고기를 잡는 그물처럼 생긴 거미집', '붕대로 칭칭 감아 놓은 듯한 번데기' 등의 표현은 여성이어서 할 수 있는 우아하고 아름다운 해설이었다.

메리안은 첫 '곤충 그림책'이 성공한 데 힘입어 다음 책을 열심히 준비했다. 노력 끝에 마침내 4년 뒤인 1683년에 또 한 권의 책을 낼 수 있었다. 『애벌레의 경이로운 변태와 그 특별한 식탁』의 2부였다. 그리고 이 두 권의 책은 먼 훗날에 한 권으로 엮어졌다.

꿈에 그리던 '곤충 그림책'의 출간과 성공적인 평가와는 상반되게 메

리안의 결혼 생활은 행복하지 않았다. 남편 그라프는 술을 마시고 놀기만 좋아해 거의 일을 하지 않았다. 게으르고 불성실한 남편은 그나마 들어오던 동판화 주문도 잘 해내지 못해 얼마 지나지 않아 그 일마저 뚝 끊기고 말았다. 자연스럽게 메리안이 집안 경제까지 책임져야 하는 처지가 되었다.

메리안은 공방을 운영하고 작품집을 발간하는 것은 물론 손수 작업한 작품들도 비싼 값을 받고 팔았다. 메리안의 생활력 덕분에 가정은 쉽사리 깨지지 않고 유지되어 갔다. 그러나 일에 대한 열정과 욕심이 남다르게 컸던 메리안은 뜻하지 않은 일로 불행하게 계속되던 결혼 생활에 마침표를 찍게 된다.

'곤충 그림책' 2부를 준비하던 1681년 겨울, 의붓아버지 야코프가 병으로 세상을 떠났다. 마렐 집안의 자식들은 아무도 메리안의 엄마 요한나를 좋아하지 않았다. 결국 남은 유산을 분배하는 문제로 요한나는 야코프의 사위와 소송까지 벌이게 되었다.

또다시 혼자가 된 어머니를 두고 볼 수 없었던 메리안은 이듬해에 두 딸을 데리고 남편 곁을 떠나 프랑크푸르트로 돌아갔다. 어머니가 야코프의 사위와 벌인 재판에서 끝내 이겼으나 메리안은 뉘른베르크로 돌아가지 않았다. 결국 그라프가 아내를 찾아 프랑크푸르트로 오면서, 어머니 요한나의 집에서 그라프까지 함께 살며 3년이 흘렀다.

여전히 일을 하지 않고 빈둥대는 남편과 늙은 어머니, 두 딸까지 데리고 생계를 책임져야 했던 메리안은 점점 지쳐 갔다. 어느 날 메리안은 힘든 심정을 담아 카스파어에게 편지를 썼다.

"오빠, 순수하던 소녀 시절이 점점 그리워져요. 신의 사랑이 충만했던 그 시절 말이에요. 온 가족의 생계를 꾸려 나가는 것이 너무나 힘들어요. 이제는 그만 돈 걱정에서 벗어나고 싶어요. 무엇보다 그라프에게서 벗어나고 싶어요. 평생 일도 하지 않고 빈둥빈둥대는 남편과 사는 것은 생각만 해도 끔찍하답니다."

메리안의 유일한 의논 상대이자 든든한 지원군인 카스파어는 곧 이런 답장을 보내왔다.

"사랑하는 내 동생! 네 눈물과 한숨이 느껴져 가슴이 아프구나. 혼자서 힘들게 생활을 꾸려 나가다니……. 이 오빠가 도움을 줄 수만 있다면 바로 네 곁으로 달려가고 싶지만 병이 나서 갈 수가 없구나. 바깥 생활이 그렇게 힘들다면 이곳, 이 오빠가 있는 곳으로 네가 오렴. 이곳은 공동체 생활이라 세상의 짐을 혼자서 고스란히 떠안지 않아도 된단다. 서로 도우며 함께 일하고 함께 나눠 가지는 생활이 어쩌면 너를 더 자유롭게 할지도 모른다는 생각이 든다."

카스파어는 꽤 오래전에 속세를 떠나 은둔생활을 해 왔다. 카스파어의 이 편지 한 통은 메리안에게 새로운 삶을 열어 주었다.

카스파어가 있는 곳은 라바디파 신도들의 코뮌(자치 기구)이었다. 17세기의 사람들도 신에게 의존하고 싶어 했지만 기존의 종파들은 더 이상 자신들을 구원해 줄 수 없다는 생각이 거세게 일고 있었다. 그리하여 유럽 각지에서 다양한 종교 운동이 벌어졌는데, 특히 경건주의가 사람들의 관심을 받았다. 경건주의는 루터파 정통 교회를 비판하고 본래의 루터 정신으로 되돌아가자고 주장했다. 그런 경건주의 중 신비적이고 급진적인 성향이 강했던 라바디파는 프로테스탄트에게 거부당한 채 네덜란드 암스테르담에서 소규모 단체를 꾸려 가고 있었다.

이 코뮌은 교회 활동보다는 개인의 종교적 체험과 신앙생활을 중요하게 여겼다. 코뮌 속 사람들은 서로를 '빛의 자녀'라고 부르며 공동생활을 했다. 남녀나 계급에 대한 차별이 없었고, 사유 재산도 없었다.

메리안은 어머니와 두 딸을 이끌고 코뮌이 있는 발타성(城)으로 향했다. 발타성은 네덜란드 프리슬란트주의 서쪽에 자리 잡고 있었다. 이 성은 영주이자 열성적인 신도였던 코르넬리우스 판 솜멜스다이크가 동료 신도들을 위해 개방한 곳이었다. 이곳의 영주인 솜멜스다이크는 남아메리카의 작은 나라 수리남의 총독으로 가 있었고, 영주의 세 여동생이 남아 성을 지켰다.

발타성 코뮌에는 350여 명이 함께 살았다. 그들은 네덜란드는 물론 독일, 스위스, 프랑스 등 유럽 각지에서 온 사람들로, 세상과 인연을 끊고 살아갔다. 이들은 성안의 공장과 공방에서 비누, 약품, 맥주, 직물, 연장 등을 직접 만들어서 썼다. 그리고 공예품도 만들고, 농작물도 재배했다. 그렇게 생산한 물품들은 함께 사용하고 일부분은 외부에 내다 팔기도 했다. 이곳에서 메리안은 더 이상 가족의 생계를 걱정할 필요가 없었다.

'이곳이라면 그라프도 쫓아오지 못할 거야. 엄마와 두 딸을 먹여 살릴 걱정도 내려놓을 수 있고. 이젠 내 지친 몸과 마음을 쉬게 해 주어야 해. 몸과 마음이 회복되면 그때 다시 곤충을 연구하자. 누구도 방해하지 않고, 누구도 말리지 않는 이곳에서 마음껏!'

이런 생각으로 메리안은 한동안 기도와 단순한 생활만 했다. 그리고 병든 카스파어를 돌보는 일에만 전념했다. 메리안이 정성껏 간호했으나 카스파어는 채 1년이 안 되어 세상을 떠나고 말았다.

'천사 같은 우리 오빠, 이제 난 누구에게 의지하고 살라고 이렇게 떠나시나요? 조용히 나를 감싸 햇볕과 비를 막아 주고, 항상 칭찬해 주고 용기를 주던 나의 든든한 지원자이자 사랑하는 오빠 카스파어여!'

카스파어를 잃은 메리안은 크나큰 슬픔에 잠겼다. 며칠 동안 식사도 못 하고 잠도 못 자며 눈물만 흘릴 뿐이었다. 자신의 재능을 높이 사서 좀 더 키워 주려 애를 썼던 든든한 지원군 카스파어, 오빠이자 아버지 같은 존재였기에 그의 죽음은 감당하기조차 힘든 고통이었다.

오빠가 죽은 뒤 그라프가 코뮌을 찾아와 메리안을 만나려 했지만 메리안은 만나 주지 않았다. 그리고 몇 년 뒤에 두 사람은 끝내 이혼했다.

코뮌 생활이 안정되자 메리안은 하고 싶었던 일들을 하기 시작했다. 소녀들에게 그림을 가르치고, 메리안 자신도 다시 그림과 동판화 작업을 했다. 성안의 드넓은 숲과 들판에서 곤충을 채집해 곤충 표본도 만들어서 팔았다. 습지대에 있던 발타성 부근의 동식물은 프랑크푸르트나 뉘른베르크에서 본 것들과는 조금 달랐다.

메리안은 다시금 심장이 힘차게 뛰는 소리를 들었다. 메리안은 날마다 숲과 들판으로 달려 나갔고, 새로운 스케치와 메모들이 차곡차곡 쌓여 갔다. 그중에는 개구리를 직접 기르고 해부해 보고 적어 둔 것도 있었다. '올챙이에서 다리가 나온다'라거나 '다른 연구자들이 쓴 것처럼 개구리는 입으로 출산한다는 주장은 틀렸다'라고 자세하고 정확하게 기록해 두었다.

그리고 얼마 지나지 않아 메리안은 수리남의 곤충 세계에 빠져들게 되었다. 수리남의 총독으로 가 있던 솜멜스다이크가 코뮌을 경제적으로 지원해 주기 위해 수리남 지역의 토산물을 보내 주었는데, 설탕이나 말린 과일처럼 귀한 물품들과 함께 희귀한 동물과 곤충의 표본을 보내왔다. 다른 여인들은 말린 과일이나 진귀한 물품들을 좋아했지만 메리안은 오로지 곤충 표본에만 관심이 있었다.

저택의 전시실에 보관된 희귀한 표본들에 마음을 뺏긴 메리안은 수리남이 어떤 곳인지 궁금해졌다. 전도를 하러 수리남에 다녀온 신부나 수녀들에게 그곳 이야기를 들을 때면 어린 소녀처럼 호기심을 드러냈다.

"수리남은 기후가 어떻길래 이렇게 크고 특이한 곤충들이 살 수 있는 거죠?"

"거긴 지옥처럼 무덥고, 햇볕이 어찌나 뜨거운지 모두 태워 버릴 기세라오. 햇볕 속에 조금만 서 있어도 현기증이 느껴질 정도지요. 유럽 사람들은 상상할 수도 없는 날씨랍니다."

"뜨거운 햇볕 덕분에 나비의 날개 빛이 이렇게 화려하군요. 꽃들도 엄청나게 크고 화려하고요."

메리안은 수녀님 곁으로 바짝 다가앉으며 질문을 멈추지 않았다.

"그 꽃들은 어떤 향기를 풍기는지, 그 주변에는 어떤 곤충들이 사는지 얘기해 주세요, 수녀님."

"공기 속에 강렬한 꽃향기가 가득해서 숨이 턱 막힐 지경이에요. 게다가 독을 품은 벌레들이 많아서 아주 위험하고요."

"독을 품은 벌레라니요? 어떤 벌레인가요?"

"타란툴라라는 독거미는 몸이 20cm가 넘어요. 사냥 방법도 특이해서 다른 거미들처럼 거미줄을 쳐서 먹잇감을 잡는 게 아니라 직접 먹잇감을 사냥하지요. 살금살금 다가가 순식간에 달려드는 모습을 직접 보면 아주 무섭답니다."

메리안은 눈앞에 타란툴라가 있는 것처럼 침을 꿀꺽 삼키곤 숨죽인 채 이야기에 집중했다.

"그럼, 타란툴라의 천적은 있나요?"

"글쎄요, 그건 잘 모르겠어요."

메리안은 궁금한 것은 참지 못하고 계속 물었으나 신부와 수녀들은 곤충에 대해 자세히 대답해 줄 수 없었다.

그때부터 메리안은 전시실을 찾는 시간이 많아졌다. 비록 죽은 표본이지만 스케치를 하면서 궁금한 마음을 달랬다. 하지만 그럴수록 살아 있는 수리남의 곤충을 직접 보고 싶다는 생각이 강해졌다. 어느 날 밤에는 자기 몸집보다 큰 거미에게 쫓기는 꿈을 꾸다가 잠에서 깨었다. 그리

고 또 어느 날에는 숲속을 헤매다가 벌의 머리를 한 무당벌레를 발견하는 꿈을 꾸었다. 그리고 수많은 나비 떼가 한꺼번에 하늘로 날아오르는데, 나비 떼에 매달린 바구니에 담겨 함께 하늘을 나는 꿈도 꾸었다. 저 발아래로는 짙푸른 숲과 기다란 강이 아슬아슬하게 펼쳐졌고, 메리안은 새로운 곳으로 간다는 기대에 부풀어 있었다.

'언젠가 꼭 수리남에 갈 거야. 말려 놓은 표본이 아니라 힘차게 날아오르는 모습을 생생하게 보고 싶어. 무엇을 먹고 사는지, 알은 어떻게 낳는지 내 눈으로 직접 보고 싶어.'

'이건 배설물이 어떻게 생겼을까? 이 성충은 애벌레가 어떤 모습일까?'

이런 생각을 할수록 메리안의 마음속에는 '수리남'이라는 새로운 땅이 자리 잡기 시작했다. 코뮌 전시실의 대형 곤충 표본들이 살아서 움직이는 생생한 모습을 두 눈으로 직접 보고 싶다는 열망이 메리안을 사로잡았다.

# 6. 용감한 출발

　1688년, 메리안의 코뮌 생활이 거의 5년째 접어들 무렵이었다. 발타성의 영주인 솜멜스다이크가 살해당했다는 소식이 날아들었다. 군대가 반란을 일으켰다는 소문도 들렸고, 현지인들이 반란을 일으켰다는 소문도 있었다. 하지만 너무 먼 곳에서 일어난 일이라 정확한 사실을 확인할 길이 없었다.

　솜멜스다이크의 죽음은 코뮌 사람들의 생활에 영향을 끼쳤다. 무엇보다 수리남에서 보내 주던 물품이 끊어져 당장 경제적인 부담이 커졌다. 수리남에서 보내오던 표본도 뚝 끊기고 말았다. 그러자 메리안의 새로운 곤충에 대한 갈증은 더욱 커져만 갔다. 시간이 지날수록 코뮌을 떠나는 사람들이 많아졌다.

"우리만 먼저 떠나서 미안해요, 메리안. 그동안 고마웠어요."

"네, 다시 만날 날이 있겠죠. 건강하게 잘 지내세요!"

"당신을 위해 기도할게요. 안녕히 계세요."

메리안은 가까이 지내던 사람들이 하나둘 곁을 떠날 때마다 씩씩하게 작별 인사를 했다. 메리안은 1년 전 어머니 요한나가 죽은 뒤, 잠깐 코뮌을 떠날까 싶은 생각도 들었지만 마음을 다잡던 중이었다. 하지만 메리안도 자신과 두 딸의 장래를 걱정하지 않을 수 없었다.

어느 날, 저녁 기도가 끝나자 메리안은 큰딸 헬레나를 곁으로 불렀다.

"헬레나, 아무래도 이곳을 떠나야 할 거 같은데…… 네 생각은 어때?"

메리안은 조심스럽게 말을 꺼내며 헬레나의 표정을 살폈다.

"어머니, 저도 그런 생각을 하고 있었어요. 며칠 전에 하랄트도 비슷한 고민을 이야기하더라고요. 무너져 가는 코뮌에 남아서 무엇을 더 할 수 있을지 걱정하더라고요. 물론 여기를 떠나서 잘 살 수 있을지도 걱정이지만요."

헬레나의 약혼자 하랄트는 발타성의 신부이지만, 그 또한 코뮌을 떠날 생각을 하고 있었다.

그제야 메리안은 안도의 한숨을 쉬고는 머릿속 계획을 단숨에 꺼내 놓았다.

"네가 하랄트와 코뮌에 남겠다고 할까 봐 걱정했는데 안심이구나. 네 동생이야 아직 어리니까 우리 결정을 따를 테고. 그래서 생각해 봤는데 프랑크푸르트로 돌아가고 싶진 않아. 난 암스테르담이 좋을 거 같구나. 얼마 전에 신부님이 암스테르담 시장인 비첸 씨를 소개해 주셨거든. 어제 그분이 일거리와 다른 연구자들을 소개해 줄 테니 어서 오라는 편지를 보내왔단다. 비첸 씨는 내가 그린 '곤충 그림책'을 이미 잘 알고 있다며 아주 호의적이야."

"잘됐네요. 하트랄도 수리남을 상대로 무역업을 하고 싶어 하니까 암스테르담이라면 대찬성일 거예요. 엄마, 거기 가면 식물원부터 구경 가요. 규모가 어마어마하게 커서 남쪽 나라에서 온 꽃과 풀은 물론 곤충들도 아주 많대요."

"그래, 가자꾸나! 나도 그 식물원에 가 보고 싶었어! 생각만 해도 신나는구나."

메리안은 어린아이처럼 들뜬 목소리로 말했다.

"아참, 비첸 씨는 동인도 회사 사장이기도 하니까 하랄트한테도 도움을 줄 수 있을 거다."

"그래요? 그럼, 내일 하랄트한테 우리 계획을 얘기할게요. 걱정 마세요, 엄마!"

"헬레나, 네가 곁에 있어서 얼마나 든든한지 모르겠구나."

헬레나는 엄마의 손을 꼭 잡아 주었다.

1691년 여름, 메리안은 두 딸과 하랄트와 함께 암스테르담으로 떠났다. 암스테르담은 런던, 파리에 이어 유럽에서 세 번째로 큰 도시였다. 독일과는 전혀 다른 화려함이 깃든 이 도시에는 자유롭고 활기찬 분위기가 감돌았다. 역마차가 도시로 들어서자 거리를 가로질러 이리저리 뻗은 운하가 눈에 들어왔다. 웅장하게 솟은 고딕 사원과 교회 종탑도 보였다. 화려하지는 않지만 고급스러운 옷을 차려입은 사람들이 여유롭게 거리를 거니는 모습도 보였다. 역마차가 도심을 지나 탁 트인 항구를 끼고 달리자 비릿한 생선 냄새가 풍겨 왔다. 항구에는 커다란 돛을 펼친 범선 수십 척이 드나들며 그 위용을 뽐냈다.

'아, 이곳이라면 뭔가 해 볼 수 있을 것 같아. 자유롭고 생동감 넘치는 분위기가 가득해!'

메리안은 다시 자기 일에 온 힘을 쏟기 시작했다. 그림 교실을 열어 수강생을 모집했고, 곤충화와 식물화 들을 그렸고, 과학 서적에 들어갈 그

림도 주문받아서 그랬다.

여전히 집 한쪽에 곤충들을 직접 키우며 관찰했고, 곤충 애호가나 식물원을 찾아다니며 새로운 곤충들을 모았다. 그러는 동안 해부학 의사와 식물원 원장, 아마추어 현미경학자 등 다양한 사람들을 만나고, 친분을 쌓아 나갔다.

공방도 두 딸의 도움으로 별 탈 없이 잘 운영되었다. 어머니의 화풍을 그대로 배운 큰딸 헬레나는 하랄트와 결혼한 뒤에도 공방에 와서 일을 도왔다. 둘째 딸 도로테아도 어머니의 재능을 물려받아 실력이 좋았다. 이들 세 모녀는 머리를 맞대고 곤충을 관찰했고, 함께 곤충 표본을 만들었으며, 서로 의논해 가며 그림을 그렸다. 딸들이 평범한 주부가 아니라 자신의 재능을 살려 일하기를 바라던 메리안에게는 너무나 행복한 일이었다.

행복하고 평화로운 날들이었지만 메리안은 종종 가까운 항구를 찾아 수많은 범선이 드나드는 광경을 바라보며 생각에 잠겼다.

'저 배를 타면 수리남에 갈 수 있을 텐데……. 유럽에서는 볼 수 없는 거대한 곤충들, 커다랗고 아름다운 꽃과 식물들……. 그것들이 내게 손짓하고 있는데, 어서 빨리 여행을 떠나야 하는데!'

메리안은 가고 싶은 마음이 굴뚝같았다. 그러나 아직 어린 도로테아를 두고 떠날 수 없었고, 수리남 여행 경비와 그곳에 머물며 곤충을 연구할 때 필요한 자금을 해결하는 것도 문제였다.

특히 영국은 1600년 인도에 동인도 회사를 설립하였다. 영국은 봄베이(오늘날 뭄바이), 캘커타(오늘날 콜카타) 등을 거점으로 하여 인도산 직물 생산과 판매를 독점하며 인도를 식민 지배했다.

당시 메리안에게 돈을 지원해 줄 곳은 동인도 회사뿐이었다. 17세기에 유럽 각국이 인도 및 동남아 지역과 교역하거나 식민지를 경영하기 위해 만든 무역 독점 회사인 동인도 회사는 식민지를 착취해 막대한 수익을 챙겼다. 따라서 그곳의 자연을 연구하는 데도 지원을 아끼지 않았다. 특히 동인도 회사의 지원으로 식물을 연구하고 책을 출간한 연구자들이 여러 명 있었기에 메리안도 희망을 품고 의욕적으로 신청서를 제출했다.

"저는 암스테르담의 여러 지식인이 가져온 많은 수집품을 보았습니다. 하지만 그런 곤충 표본만으로는 발생과 번식하는 과정, 애벌레가 번데기가 되고, 다시 성충이 되는 과정을 정확히 알 수 없습니다. 반드시 그것을 직접 알아보고 싶은 마음에 많은 돈이 필요한 이 여행을 계획하게 되었습니다."

그러나 뜻밖에도 지금껏 메리안을 도와주었던 비첸 시장이 가장 강력히 반대했다.

"여성에겐 특히 나이 많은 여성에겐 수리남 여행은 무리입니다. 멀고 먼 수리남까지 가는 여정을 견딜 수 있을지도 걱정입니다만, 만에 하나 무사히 도착하더라도 살인적인 더위가 기다리고 있죠. 온갖 풍토병에 척박한 환경도 문제고요. 그런 곳에서 과연 메리안, 당신이 버틸 수 있을까요?"

메리안은 그래도 포기하지 않고 몇 년간 끈질기게 계획서를 보냈다. 한 가지 곤충을 몇 년간 연구하고 관찰하던 끈기와 인내심을 여기서도 유감없이 보여 주었다.

"저는 오랫동안 곤충을 연구해 왔기 때문에 수많은 지식을 갖고 있습니다. 또한 곤충 표본을 제작하는 방법도 잘 알고 있습니다. 수리남에서 희귀한 곤충 표본을 가지고 돌아온다면 많은 수집가를 만족시킬 수 있을 것입니다. 그들은 희귀하면서도 새롭고 고급스러운 표본을 원하니까요. 그런 일을 해낼 수 있는 사람은 저밖에 없습니다."

몇 년 뒤 마침내 동인도 회사가 메리안의 계획을 받아들였다. 단, 전액을 지원해 준 남성 탐험가들과 달리 메리안에게는 자금을 대출해 준다는 조건이었다.

풍요로운 생활을 버리고 왜 위험한 여행에 나서느냐고 친구들이 말렸지만 소용없었다. 오히려 메리안은 아무것도 두렵지 않았다.

1699년, 메리안은 도로테아와 함께 수리남으로 가는 배에 올랐다. 이때 메리안의 나이는 쉰두 살이었다. 별로 깨끗하지 못한 배 위에서 몇 달

간을 생활해야 했고, 배 안에서 하는 식사는 부족한 것이 많았다. 누군가 이질이나 괴혈 같은 전염병에라도 걸리면 아주 위험한 상황이 벌어질 수도 있었다. 그러나 그 무엇도 메리안 모녀를 막지 못했다.

배는 무려 세 달을 항해한 끝에 마침내 10월 초에 수리남에 도착했다. 수리남은 강렬한 태양 빛과 높은 습도 탓에 찌는 듯이 더운 곳이었다. 조금만 움직여도 온몸이 땀으로 흠뻑 젖을 정도였다.

메리안은 더운 날씨가 오히려 반가웠다.

"찌는 듯이 무덥구나. 이런 기후 속에서는 어떤 곤충과 식물들이 자랄까? 벌써부터 가슴이 설레는구나! 도로테아, 너도 그렇지?"

메리안은 어린아이처럼 들뜬 목소리로 말했다.

메리안 모녀의 숙소는 동인도 회사에서 마련해 준 목조 가옥이었다. 이 집에는 노예가 몇 명 딸려 있어, 두 모녀의 일을 도와주었다. 메리안은 꿈에 그리던 수리남에서 머뭇거릴 시간이 없었다. 날마다 새벽 4시면 정확히 잠자리에서 일어나 정원으로 나갔다. 집에서 기르기 시작한 곤충들에게 신선한 먹이를 주기 위해서였다. 정원에는 밖에서 캐 온 온갖 종류의 식물이 자라고 있었다. 어쩌다 유충이 살고 있는 나뭇가지라도 발견할라치면 '이건 어떤 모습의 성충이 될까' 궁금해하며 뿌리째 파내 옮겨 오기도 했다.

밤새 폭우가 쏟아진 어느 날 아침이었다.

"으악, 어머니, 큰일 났어요. 정원이 난리가 났어요."

도로테아가 테라스 문 옆에서 비명을 지르며 메리안을 찾았다. 메리안이 달려가 밖을 내다보니 정원이 온통 물에 잠겨 있었다. 메리안은 비명을 질렀다. 그런데 놀라서가 아니라 기뻐서 지른 비명이었다. 도로테아는 이런 어머니를 놀란 표정으로 쳐다보았다. 메리안이 다급하게 소리쳤다.

"도로테아, 서둘러라! 어서 그림 도구들을 챙겨서 나가자꾸나!"

메리안은 물에 잠긴 정원에 득실대는 개구리와 뱀, 악어를 보고는 계단을 구르듯이 달려 내려갔다. 그러더니 현관에 자리를 잡고 앉아 스케치를 하기 시작했다. 뱀들이 물속을 빠르게 헤엄쳐 가고, 물에 젖은 개구리들이 발등 위를 지나갔지만 메리안은 꿈쩍도 하지 않았다. 오직 뱀과 개구리와 악어가 도망치기 전에 스케치를 끝내고 싶은 마음뿐이었다.

"어머니, 그만하고 들어가세요. 그러다 뱀이나 악어에게 물리면 어쩌려고 그러세요."

메리안에게는 아무 말도 들리지 않는 것 같았다. 도로테아는 고개를 절레절레 흔들면서도 기다란 막대기를 가져와 메리안의 발등을 타고 오르려는 개구리를 쫓았다.

메리안을 따라 여러 가지 관찰과 연구 활동을 해 온 도로테아였지만 어머니의 용기에는 보고도 믿기 어려웠고 그저 말문이 막힐 따름이었다.

수리남은 우기에 들어서면 하늘에 구멍이 뚫린 듯 쉬지 않고 비가 쏟아졌다. 이런 날씨에 밀림에 들어가면 대낮에도 사방이 캄캄해서 매우 위험하기 그지없었다. 하지만 이에 아랑곳없이 메리안은 노예들의 안내를 받아 밀림을 탐험하곤 했다. 앞장서서 길을 헤치고 나아가는 노예들을 놓치기라도 하면 자칫 큰일이 벌어질 수도 있었다. 열대의 공기는 습기를 가득 품어 평소보다 더 답답했고, 곳곳에 무서운 독을 품은 전갈과 독사, 개미가 우글댔지만 메리안의 열정 앞에서 이들은 아무런 장애가 되지 못했다.

메리안의 이런 파격적인 행동들은 곧 사람들의 관심을 한몸에 받았고, 네덜란드인 농장주들의 입방아에 자주 오르내렸다. 수리남의 대규모 경작지에서 사탕수수를 재배하던 농장주들에게는 메리안의 행동이 이상하기만 했다. 유럽인들이 주축이 된 식민지 사회에서 주된 관심사는 설탕의 시세나 노예의 가격이었기 때문이다.

"곤충 연구라니 한심하군. 플랜테이션에서 사탕수수 농사를 지으면 훨씬 돈을 많이 버는데……. 이곳에서 생산된 설탕이 유럽에서 얼마나 인기인 줄 모르나?"

"아휴, 살아 있는 곤충을 맨손으로 만지고, 다정하게 말까지 건다는군요. 날씨가 더워서 정신이 이상해진 게 아닌지, 쯧쯧!"

"곤충뿐이겠어요! 꼴사납게 노예들을 친구처럼 대한다죠. 그들이 사용하는 크리올 말까지 배워서 이야기를 나눈대요."

농장주들은 자신들과 공통점이 없고, 자신들을 비판하고, 반갑지 않은 제안만 일삼는 메리안을 곱지 않은 시선으로 바라보았다. 메리안은 '사탕수수만 재배하면 토지가 황폐해지니 바닐라도 심어 보자', '노예들에게 너무 가혹하게 대하지 말라', '약품을 연구하고 공급하기 위한 식물원을 이곳에 짓자'라는 등의 제안을 끊임없이 했다. 물론 농장주들은 콧방귀만 뀔 뿐이었다.

"이곳 사람들은 새로운 곤충에 대해선 전혀 관심이 없어. 조금도 연구해 볼 생각이 없는 것 같아. 심지어 설탕이 아닌 것을 찾아다닌다고 나를 비웃기까지 하다니, 정말 가치 있는 것이 무엇인지 모르는 것 같아."

이렇게 메리안은 도로테아를 붙들고 울분을 터트렸다. 그러나 별다른 뾰족한 수가 없었다. 그럴수록 메리안은 더 열심히 곤충을 연구했다. 그렇게 수리남에 정착한 메리안 모녀가 용감하고 끈질기게 연구를 계속하자 주변 사람들도 더 이상 두 모녀를 험담하지 않았다.

곤충을 관찰하고 연구하기 위해서 무엇보다 필요한 건 체력이었다. 메리안은 다행히 온종일 밀림을 돌아다녀도 쉬이 지치지 않을 만큼 강인

했다. 또 날카로운 눈으로 아무리 작은 곤충도, 작은 나뭇가지나 빗방울처럼 위장한 벌레나 고치도 단번에 찾아냈다. 나무껍질이나 돌멩이처럼 보이는 곤충도 정확하게 알아보았다. 막 날아오르려는 곤충의 날개 모습이나 긴 혀를 뻗어 먹이를 낚아채는 도마뱀의 모습 등도 하나도 놓치지 않고 스케치 속에 담았다.

메리안이 이렇게 찾아낸 곤충들의 표본과 수집품은 엄청나게 많았다. 곤충뿐만 아니라 악어와 이구아나, 여러 종류의 뱀 등도 술에 담가 보관했다. 또한 열대 식물의 씨앗과 알뿌리도 따로 모아 두었고, 말린 꽃들도 여러 종 채집해 두었다. 이것은 모두 곤충 연구와 그림 작업을 위한 몇 가지 도구와 옷 가방 두어 개를 가지고 수리남에 도착했던 메리안 모녀가 이루어 낸 결실이었다. 불과 1년 반 만의 일이었다.

하지만 이처럼 열정적이고 부지런한 메리안 모녀도 더 이상 수리남에 머물 수 없는 날이 왔다. 1701년, 메리안이 쉰네 살이 되었을 때였다. 건강하고 부지런하던 메리안이지만 말라리아에 걸리고 말았다. 습기가 가득한 열대의 기온 속에서 점점 건강이 악화한 메리안은 끝내 몸져누웠다. 몇 달을 꼼짝도 할 수 없었다. 메리안이 겨우 몸을 회복하고 자리에서 일어나자 도로테아는 가슴을 쓸어내렸다. 그리고 이제 그만 암스테르담으로 돌아가자며 메리안을 설득했다.

"어머니, 연구도 중요하지만 우리 잠시 귀국해요. 이러다가 정말 큰일이라도 나면 어쩌려고 그러세요?"

"아직 찾고 모으고 연구할 것이 너무도 많아. 그러니 이대로 돌아갈 순 없다."

메리안은 단호하게 잘라서 말했다. 그러나 도로테아도 물러서지 않고 메리안을 설득했다.

"어머니, 건강을 잃으면 아무리 연구를 하고 싶어도 계속할 수 없어요. 이 일은 길게 생각해야 해요. 잠깐 귀국해서 몸을 추스른 다음에 다시 오면 되잖아요. 그땐 더 의욕적으로 활발하게 연구를 할 수 있을 거예요. 지금 어머니께 필요한 건 휴식과 건강이에요."

"여기까지 올 때도 얼마나 힘들게 왔니? 그런데 지금 귀국하면 언제 또 올 수 있을지도 모르잖아. 얼마나 어렵게 온 곳인데……. 이렇게 물러날 수는 없지."

메리안은 고집스러운 표정으로 말했다. 하지만 도로테아는 눈물까지 글썽였다.

"알아요, 어머니. 하지만 전 어머니를 잃을까 봐 두려워요. 어머니가 안 계시면 곤충 연구도 표본 수집도 아무 의미 없어요. 그러니 지금 일시적으로 귀국했다가 건강이 좋아지면 그때 다시 수리남으로 오면 되잖아요."

메리안은 결국 '일시적인 귀국'이라는 말에 한발 물러섰다. 하루빨리 건강을 되찾아 곧 다시 수리남으로 돌아올 수 있을 것이라고 생각했다.

"그래, 이건 일시적인 귀국이야. 암스테르담에 돌아가 건강도 좀 더 회복하고, 여기서 보고 모은 것들을 그림으로 그리는 거야. 그걸 팔아서 동인도 회사에서 빌린 돈을 갚고 나면 다시 올 거야. 그땐 미처 보지 못한 것들, 찾아내지 못한 것들에 전념할 거야!"

범선의 뱃머리에 선 메리안은 멀어지는 수리남 항구를 바라보며 자기 자신과 약속했다. 그런 메리안의 마음을 달래 주려는 듯 시원한 바람이 불어왔다.

# 7. 위대한 사이언스 아티스트

 1701년 9월, 메리안 모녀는 수리남에 갈 때처럼 다시 세 달간의 긴 항해 끝에 암스테르담에 도착했다. 메리안은 오랜 여행으로 지칠 대로 지쳤으나 잠시도 쉬지 않고 곧바로 비첸 시장을 찾아갔다. 비첸 시장은 반가운 얼굴로 메리안을 맞아 주었다.

 "어서 오세요! 귀국하자마자 저를 찾아오시다니 무슨 일인가요?"

 "네, 잘 지내셨죠? 제가 가져온 것들을 하루라도 빨리 사람들 앞에 풀어놓고 싶어서 몸살이 날 지경이에요. 아직 짐도 제대로 풀지 않고 달려오는 길입니다."

"하하하! 역시 대단한 열정입니다. 여자의 몸으로 당신이 과연 수리남에서 기대만큼 좋은 성과를 가지고 올지 의심했답니다. 그래서 반대했던 거고요. 이젠 메리안 당신을 여느 남자들과 비교했던 저 자신이 부끄럽군요."

비첸 시장은 뚱뚱한 몸을 흔들며 호탕하게 웃었다.

"시장님, 그때는 저도 서운했지만 이제 다 잊었답니다. 여기서 큰 도움을 주실 분은 시장님뿐인걸요."

"무엇이든 말씀만 하세요. 제가 뭘 도와 드리면 될까요, 메리안?"

"수집품들을 전시할 수 있는 장소가 필요해요. 갖가지 물건을 시청에 전시할 수 있게 부탁드려요."

"사람들이 분명 당신의 수집품을 좋아할 겁니다. 저도 기대가 아주 큽니다. 내일이라도 당장 시청 전시실을 사용할 수 있도록 해 드리지요."

비첸 시장은 흔쾌히 도움을 주기로 했다.

그다음 날부터 메리안은 시청 전시실에 수리남에서 가져온 표본들과 그림을 전시할 수 있었다. 수리남에서 가져온 갖가지 열대 곤충과 식물 표본을 볼 수 있다는 소식에 사람들이 구름떼처럼 몰려왔다. 사람들은 진귀한 전시품에 찬사를 쏟아냈다.

여러 학자와 상류층 사람들이 메리안 모녀를 만나서 이야기를 듣고 싶어 했다. 그리고 모두 입을 모아 수리남에서 수집해 온 것들을 바탕으로 또 다른 '곤충 그림책'을 펴내라고 권했다.

메리안도 그럴 계획이었지만, 그전에 동인도 회사의 대출금부터 갚아야 했다. 메리안은 전시회가 끝나자마자 표본과 그림들을 판매했다. 나비와 반딧불이, 악어와 거북, 그리고 그림 수백 장을 팔아 대출금은 모두 갚을 수 있었다. 전시회가 끝나고 얼마 지나지 않아, 도로테아는 의사 필립 헨드릭스와 결혼식을 올렸다.

혼자가 된 메리안은 좀 더 넓은 공방을 꾸밀 수 있는 집으로 이사를 했다. 슈피겔 거리에 있는 덩굴장미로 덮여 있는 집이었다. 메리안은 이 집에서 『수리남 곤충의 변태』 작업을 시작했다. 잠자고 밥을 먹는 시간을 빼고는 거의 작업에만 매달렸다. 그러나 작업을 하면 할수록 메리안은 갈증이 났다.

'아, 수리남에서 좀 더 표본 채집을 많이 해 왔어야 하는 건데……. 그때 귀국하지 말고 좀 더 버텨 볼 걸 그랬어.'

메리안은 연구를 끝까지 마치지 못한 것이 자꾸만 후회되었다.

마침내 메리안은 결혼한 지 얼마 되지 않은 도로테아 대신 큰딸과 사위를 집으로 불렀다.

"사랑하는 헬레나, 그리고 하랄트! 얼마 전부터 내가 수리남에서 가

져온 자료로 작업을 하고 있다는 건 알지? 그런데 하면 할수록 아쉬움이 남아서 말이야."

헬레나는 어렵게 입을 떼는 메리안을 이해한다는 듯 고개를 끄덕였다.

"어머니, 저희가 도울 일이 있으면 말씀하세요. 전 어머니의 든든한 조수이고, 지지자니까요."

"고맙다, 헬레나. 아무래도 수리남 곤충에 대한 표본과 자료가 더 필요해서 말이야. 내가 조금만 더 젊고 건강하다면 다시 한번 수리남에 가고 싶지만, 형편이 안 되는구나."

"그럼 어머님, 젊은 저희가 수리남에 가서 수집품을 보내면 어떨까요?"

하랄트가 썩 나서며 메리안이 바라는 답을 해 주었다.

"하랄트, 진심인가? 그렇게만 해 준다면 정말 고맙겠네. 바로 내가 부탁하고 싶었던 일이야!"

메리안의 얼굴은 소녀처럼 금세 발그레하게 상기되었다.

"저도 수리남에 가 보고 싶어요. 도로테아 애기론 힘든 일도 많지만 여기서는 구경조차 할 수 없는 신기한 것들이 많은 곳이잖아요!"

헬레나도 한껏 들뜬 표정으로 말했다.

이듬해에 큰딸 헬레나가 남편 하랄트와 함께 수리남으로 떠났다. 헬레나 부부는 메리안 대신 수리남에서 연구를 계속해서 결과물을 메리안에게 보내 주었다. 이들 덕분에 메리안은 작품집을 만드는 데 전념할 수 있었다.

메리안은 동판화 60장을 새겨 책 한 권으로 묶을 계획으로 꼬박 3년 동안 이 일에 매달렸다.

동판화 60장에는 나비, 나방은 물론 파리, 풍뎅이, 벌 등 90여 가지 변태를 묘사해서 실었다. 또한 남아메리카 수리남에서 본 거미, 도마뱀, 개구리 등도 생태까지 그대로 그려 냈다. 한쪽 페이지에는 각 식물이나 곤충에 대한 설명을 짧게 실었고, 현지 사람들이 부르는 이름과 라틴어 이름을 함께 실었다.

그리고 어떠한 경로로 발견했고, 며칠 뒤에 어떠한 변화를 보였고, 어떻게 변태했는지 등을 자세히 기록했다.

심지어 수리남에서 암스테르담으로 돌아오던 배 안에서도 곤충 관찰을 멈추지 않았고, 그 관찰 내용을 다음과 같이 기록했었다.

"이 나무에서 일반 유충과 공통점이 아무것도 없는 특이한 벌레를 발견했다. 벌레는 마치 달팽이처럼 붙어서 나뭇잎을 뜯어먹는데, 잎을 붙잡고 있는 발은 피부로 덮여 있다. 그리고 독이 있어 약간만 스쳐도 빨갛게 부어오르며 상처를 남긴다. 이 벌레는 1701년 6월 11일에 탈피를 한 뒤 몸을 둘러싸고 고치를 만들었다. 1701년 6월 27일, 암스테르담으로 돌아오는 배에서 그림에서 보듯 특이한 나방으로 탄생했다."

그리고 메리안은 바퀴벌레에 대해서도 자세히 기록해 두었다. 전 세계 어디에서나 서식하지만 수리남에서는 너무나 흔하게 볼 수 있는 바퀴벌레들은 애써 모아 놓은 곤충 표본까지 닥치는 대로 먹어치우는 성가신 곤충이었다. 하지만 메리안한테는 결코 지나칠 수 없는 신기한 대상이자 연구물이었다.

"그림에 보이는 바퀴벌레는 남미에서 가장 악명 높은 곤충이다. 옷과 음식, 음료 등 무엇이건 가리지 않고 망가뜨리거나 상하게 해서 사람들에게 막대한 피해를 준다. 달콤한 것을 좋아해 파인애플 주변을 살펴보면 어김없이 찾을 수 있다. 촘촘하게 줄지어 낳은 알들은 몇몇 거미들이 그러하듯 붉은색 고치로 둘러싸여 있다. 알이 완전히 부화하면 새끼는 둥지를 빠져나와 세상 밖으로 나온다.

어린 바퀴벌레는 잽싸게 둥지를 벗어나자마자 작은 틈새나 열쇠 구멍 속으로 비집고 들어가 상자나 서랍 어디든 쑤시고 다니며 모든 것을 망쳐 놓는다. 개미만 한 크기밖에 되지 않던 어린 바퀴벌레는 어느 정도 자라면 그림 속 크기 정도가 되며, 흰빛을 띤 갈색을 띤다. 다 자라면 등껍질이 터지면서 하얗고 얇은 날개를 가진 바퀴벌레가 나온다. 벗어 놓은 껍질은 모양을 그대로 유지해 진짜 바퀴벌레처럼 보이지만 안은 텅 비어 있다."

메리안은 이 책의 서문에 책을 출간하게 되기까지의 경위를 자세히 적었다.

"어렸을 때부터 줄곧 곤충을 연구해 왔다. 프랑크푸르트에서 누에를 처음 본 뒤 여러 종류의 애벌레를 모아 나비나 나방이 되는 과정을 확인했다. 그러고 나자 다른 모든 곤충의 변태를 관찰하고 싶어져서, 이 연구에만 몰두했다. 더불어 그림도 연습해, 곤충의 모습들을 고스란히 그려 낼 수 있게 되었다……. 수리남에서 귀국한 뒤 내 스케치를 본 사람들이 남아메리카에서 그려진 것 중 가장 이국적이고 고급스러운 작품이니 서둘러 출간하라고 권유했다. 제작하는 데까지 막대한 비용이 들기 때문에 망설여지긴 했지만 과감하게 출간을 결심했다."

메리안은 비용을 걱정하면서도 작품을 위해 제작비를 아끼지 않았다. 먼저, 동판화 작업을 도와줄 실력 있는 조각사 세 명을 고용했고, 최고급 양피지를 사용했다. 책의 크기도 곤충의 생태를 더 자세히 열정적으로 그려 낼 수 있도록 '곤충 그림책'보다 좀 더 크게 잡았다.

1년쯤 꼬박 그림 작업에만 매달리고 나자 우려한 대로 자금이 부족한 상황이 왔다. 메리안은 돈 때문에 작업을 포기하고 싶지 않았다. 뉘른베르크에 있는 친구에게 표본을 사 달라는 편지를 보냈고, 출판에 필요한 돈을 빌려 작업을 계속해 나갔다.

더디고 힘든 일이었지만 메리안은 동판화 60장의 채색만큼은 모두 직접 했다. 타고난 색채 감각으로 칠한 색상은 신비감마저 느껴졌다. 이런 색감은 메리안의 딸과 제자들도 흉내 낼 수 없었다.

이 그림들에서도 메리안은 알부터 성충까지 한꺼번에 그려 넣는 방식을 사용했으며, 그 하나하나를 아주 사실적으로 묘사했다. 과감한 구도 속에 그려진 곤충과 열매들은 입체적이면서 긴장된 분위기를 자아냈다. 메리안은 자신의 눈에 비친 대로 그렸다고 하지만 실제 크기를 무시한 그림이었다.

울퉁불퉁한 야생 레몬 위에 앉아 있는 하늘소는 검정과 빨강, 노랑이 어우러진 몸 색깔을 하고 정열적인 자태를 뽐냈다. 구아버의 나뭇잎을 갉아 먹는 통통한 박각시나

방 유충은 손으로 건드리면 꿈틀댈 것처럼 생생했다. 금방이라도 고치를 뚫고 나올 것 같은 곤충이나 사방으로 물방울을 튀길 것 같은 식물의 잎사귀는 열대의 향기와 긴장감을 고스란히 전해 주었다.

무엇보다 메리안은 단지 아름다운 모습을 묘사하는 데만 초점을 맞추지 않고, 생태적인 특성을 효과적으로 보여 줄 수 있는 방식으로 그림을 그리기도 했다. 칼로 자른 듯이 절반을 갈라 속에 든 씨앗까지 그린 파파야나 고치 속에 든 번데기까지 보여 주는 식이었다. 물장군이 개구리를 붙잡는 순간이나, 사나운 표정으로 뱀을 덥석 물고 있는 악어도 살아 있는 듯 그렸다.

이 3년간의 작업 기간 동안 가장 큰 힘이 되어 준 사람은 두 딸이었다.

헬레나는 수리남에서 정기적으로 표본을 보내 주었고, 도로테아는 공방에 나와 메리안의 조수로서 묵묵히 일하며 곁을 지켜 주었다.

1705년 4월, 드디어 『수리남 곤충의 변태』가 완성되었다. 메리안은 이 작품집을 직접 팔기도 하고, 미술 중개인을 통해 판매하기도 했다.

사람들은 이 작품에 열광적인 반응을 보였다. 여러 차례의 작품집을 출간한 메리안이었지만, 인생의 역작을 냈다는 생각에 더없이 뿌듯했다.

"이번에 새로 나온 마리아 메리안의 작품 보셨어요? 너무나 정열적이고 멋있지 않아요?"

"호호호, 저희 바깥양반이 벌써 메리안의 작품을 여러 점 사들였어요. 요즘 가장 유행하는 작가잖아요!"

"맞아요. 메리안의 작품 한 점 걸리지 않은 응접실에 손님을 초대할 수는 없죠. 뭔가 시대에 뒤떨어지는 느낌이 들거든요."

화려한 드레스를 차려입은 귀부인들은 메리안의 작품을 자신도 소장했다며 자랑하느라 바빴다. 소문은 돌고 돌아 새로운 유행을 창조했다. 그러나 이런 상류층 사람들뿐만 아니라 곤충 수집가는 물론 박물학자나 미술 애호가들까지 메리안의 작품을 사지 않은 사람이 없을 정도였다. 그만큼 그의 작품은 작품성뿐만 아니라 연구자료 면에서도 중요하다는 평가를 받을 만했다.

이 작품집은 유럽 전역의 박물관과 도서관에서 볼 수 있었다. 또한 상류층의 응접실 중앙에도 떡 하니 자리를 잡았고, 심지어 러시아의 포트르 대제도 메리안의 작품을 구해 오라며 사람을 보내기도 했다. 몇 년 뒤 포트르 대제는 다시 암스테르담을 방문할 기회가 생기자 메리안의 그림을 사기 위해 '덩굴장미의 집'으로 사람을 보냈다. 포트르 대제는 메리안의 그림을 매우 마음에 들어 했다. 러시아로 돌아간 그는 메리안의 그림을 키킨 궁전에 걸어 두었다. 키킨 궁전에는 렘브란트의 그림도 걸려 있었다.

『수리남 곤충의 변태』가 크게 성공하자, 메리안은 제2권을 준비하기 위해 그림 작업을 계속했다. 이번에는 조각사들을 고용하지 않고 직접 모든 작업을 도맡아 하느라 시간이 오래 걸렸다.

그러던 어느 날 메리안은 뇌졸중으로 갑자기 쓰러졌다. 꼼짝도 할 수 없는 처지가 되었다. 그토록 좋아하던 곤충 연구도, 그림 작업도 더 이상 할 수 없게 되고 말았다. 1715년에 『수리남 곤충의 변태』를 선보이고 딱 10년 만의 일이었다. 도로테아가 곁에서 어머니를 간호했다.

병상에 누워서도 메리안은 일 생각만 했다. 그리고 도로테아를 가까이 불러 물었다.

"얘야, 수리남에서 가져온 커다란 나비 견본은 잘 보관하고 있지? 습

7. 위대한 사이언스 아티스트

기에 망가지지 않도록 잘 관리해야 한다."

"네, 어머니, 걱정 마세요."

그리고 또 어느 날은 메리안이 침대에 반쯤 일어나 앉아 말했다.

"이번에 병이 다 나으면 꼭 수리남에 갈 거야. 안 된다고 말려도 꼭 갈 테다."

"네, 어머니, 빨리 나으세요. 나아서 수리남에 함께 가요. 제가 모시고 갈게요."

도로테아가 대답했다. 그러나 이 약속은 끝내 지킬 수 없었다.

메리안은 2년 동안 투병 생활을 이어가다가 1717년 1월 13일, 예순아홉 살의 나이로 세상을 떠났다. 일찍이 '독일 아카데미'에서 '미네르바에게 자신의 재능을 바친 여인'으로 평가받을 정도로 똑똑하고 열정적인 인물의 죽음이었다.

17세기, 여성이라는 이유로 학문도 예술도 허락되지 않던 시대에 살면서 꿋꿋하게 사이언스 아티스트의 길을 일구어 낸 마리아 지빌라 메리안! 최초의 여성 곤충학자였던 마리아 메리안은 곤충들의 아버지로도 불리는 앙리 파브르보다 170여 년이나 앞서 곤충을 연구하고 그린 인물이며, 모두가 등한시하던 곤충의 신비를 밝혀낸 선구적인 인물이다.

메리안의 이름을 따서 이름을 지은 나비가 9종, 풍뎅이가 2종, 식물이

6종에 이른다. 시간이 흐른 뒤에도 메리안의 뛰어난 업적은 높이 평가되어 그가 그린 곤충과 벌레와 푸성귀 그림이 독일의 500마르크짜리 지폐를 장식하기도 했다.

언젠가 메리안은 어느 곤충을 관찰하고 이렇게 기록해 두었다.

"나는 유별나게 생긴 이 애벌레가 어떻게 변신할지 무척이나 기대되었다. 그런데 1700년 8월 10일 볼품없는 나방으로 변해 나의 기대를 저버렸다. 이처럼 아름답고 특이하게 생긴 유충에서는 별 볼 일 없는 녀석이, 평범하게 생긴 유충에서는 눈부시게 아름다운 나비와 나방이 탄생하는 일은 흔하다."

메리안은 자신의 책에 쓴 것처럼 어떻게 변신할지 모르는 애벌레였다. 그러나 변화와 도전을 두려워하지 않고, 보수적인 시대에 맞서 당당한 여성으로 살아간 결과, 그 무엇보다 아름다운 나비로 거듭날 수 있었다.

지은이　한해숙

월간《어린이동산》의 2013년 중편동화 공모에 당선되어 동화작가가 되었어요. 대학에서 국어국문학을 공부했고, 오랫동안 어린이 책 만드는 일을 했어요. 지은 책으로『안녕, 병아리』,『강아지도 마음이 있나요?』,『콩쥐 팥쥐』,『이해력이 쑥쑥 교과서 맞춤법 띄어쓰기 100』등이 있고, 그림책『콩 한 알과 송아지』는 초등학교 1학년 국어 교과서에 수록되었어요.


그린이　이현정

이야기를 읽고 듣고 쓰기를 좋아합니다. 이야기가 있는 그림을 그리기를 좋아합니다. 오래오래 이야기와 함께하는 사람이 되고 싶습니다.


두레아이들 인물 읽기 ⑩
세계 최초의 곤충화가
## 마리아 메리안

1판 1쇄 발행 2022년 3월 5일
1판 3쇄 발행 2023년 6월 10일

지은이 한해숙 | 그린이 이현정
펴낸이 조추자 | 펴낸곳 두레아이들 | 등록 2002년 4월 26일 제10-2365호
주소 서울시 마포구 독막로 100 세방글로벌시티 603호
전화 02)702-2119(영업), 703-8781(편집)
팩스 02)715-9420 | 이메일 dourei@chol.com | 블로그 blog.naver.com/dourei

글ⓒ한해숙, 2022 / 그림ⓒ이현정, 2022

\* 책값은 뒤표지에 적혀 있습니다. 잘못 만들어진 책은 구입하신 곳에서 바꾸어 드립니다.
\* 이 책은 저작권법에 따라 보호를 받는 저작물이므로 책의 내용 일부 또는 전체를 재사용하려면 저자와 출판사의 허락을 받아야 합니다.

ISBN 979-11-91007-15-2 73990

# 두레아이들 인물 읽기

자서전과 전기로 보는 위인들의 생애. 생태, 환경, 인권, 나눔과 배려를 위해 애쓴 이들을 새롭게 조명하는 책들

두레아이들 인물 읽기 ❶
### 제인 구달의 내가 사랑한 침팬지
: 어린이를 위한 제인 구달 자서전

제인 구달 지음 | 햇살과나무꾼 옮김

제인 구달이 어린이들을 위해 쓴 유일한 자서전. 평생 침팬지를 연구하고, 지금은 환경운동에 힘쓰고 있는 그가 40여 년 동안 찍은 사진과 그만의 이야기가 잘 어우러진 책이다.

두레아이들 인물 읽기 ❷
### 레이첼 카슨
: 『침묵의 봄』을 쓴 생태환경운동의 선구자

진저 워즈워스 지음 | 황의방 옮김

『침묵의 봄』으로 현대 생태환경운동을 이끈 선구자이자 20세기를 변화시킨 사람, 레이첼 카슨의 삶을 꼼꼼하게 쓴 책. 레이첼의 삶과 자연에 대한 사랑을 통해 지구가 얼마나 아름다운 곳인지, 왜 지구를 보호해야 하는지를 일깨워준다.

★대한출판문화협회 추천도서   ★한우리 추천도서

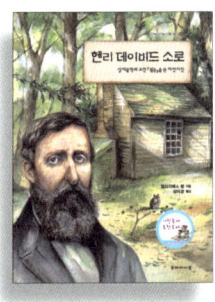

두레아이들 인물 읽기 ❸
### 헨리 데이비드 소로
: 생태문학의 고전『월든』을 쓴 자연시인

엘리자베스 링 지음 | 강미경 옮김

『월든』의 작가이자, 간디의 삶에 가장 많은 영향을 준 소로의 아동용 전기. 소로의 삶은 당시보다 현재의 우리에게 더 큰 교훈과 희망을 던져준다. 아이들에게 자연을 바라보는 새로운 눈을 갖게 해주는 책이다.

두레아이들 인물 읽기 ❹
### 넬슨 만델라
: 자유를 향한 머나먼 길

넬슨 만델라 지음 | 크리스 반 위크 축약 | 패디 보머 그림 | 강미경 옮김

전 세계 인권과 자유, 그리고 평화의 상징이자 노벨 평화상 수상자인 넬슨 만델라 전 남아프리카공화국 대통령이 남긴 유일한 어린이용 자서전. 넬슨 만델라 자서전『자유를 향한 머나먼 길』(두레)의 공식 어린이판이다.

★한우리 추천도서

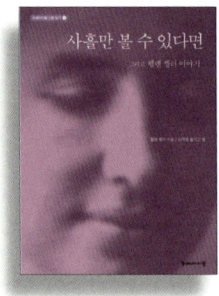

두레아이들 인물 읽기 ⑤

# 사흘만 볼 수 있다면
### 그리고 헬렌 켈러 이야기

헬렌 켈러 지음 | 신여명 옮기고 씀

《리더스 다이제스트》가 선정한 '20세기 최고의 에세이' 「사흘만 볼 수 있다면」을 어린이 책으로는 국내 처음 '완역판'으로 수록! 70여 장의 사진과 함께 보는 헬렌 켈러의 감동적인 삶도 실려 있다.

★한우리 추천도서   ★행복한아침독서 추천도서   ★교보문고 '키위맘'

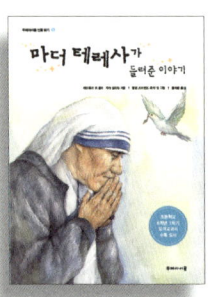

두레아이들 인물 읽기 ⑥

# 마더 테레사가 들려준 이야기

에드워드 르 졸리·자야 찰리하 지음 | 앨런 드러먼드 축약 및 그림 | 황의방 옮김

'살아 있는 성인'에서 진짜 '성인(聖人)'이 된 '가난한 이들의 어머니' 마더 테레사에게 감동과 영감을 주었던 열한 가지 이야기. 감동과 함께 사랑과 나눔의 참뜻을 일깨워 준다. 마더 테레사의 생애도 함께 실려 있다.

★책이랑 놀자 추천도서

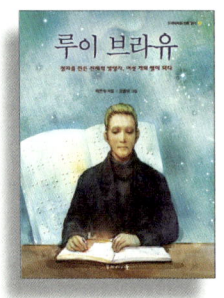

두레아이들 인물 읽기 ⑦

# 루이 브라유

차은숙 지음 | 윤종태 그림

앞을 보지 못하는 사람들이 눈이 아니라 손끝으로 읽는 글자(점자)를 창안한 루이 브라유. 3살 때 시각을 잃은 브라유는 앞을 보지 못하는 사람들이 세상으로 나갈 수 있는 큰 빛을 전해 주었다. 이를 기리기 위해, 1992년 발견된 작은 별(화성을 횡단하는 소행성)의 이름을 '9969 브라유'라고 부른다.

★책이랑 놀자 추천도서

두레아이들 인물 읽기 ⑧

# 신사임당

노경실 지음 | 윤종태 그림

율곡의 어머니 신사임당은 우리나라 현모양처를 상징하는 인물이다. 하지만 신사임당은 시와 그림이 뛰어난 예술가이기도 했다. 이 책은 인문적인 시선으로 신사임당이라는 여성을 바라본 인물 이야기이다. 신사임당이라는 '여성'은 어떤 사람이었을까?

★오픈키드 좋은 어린이 책   ★책이랑 놀자 추천도서

두레아이들 인물 읽기 ⑨

# 우리나라 최초의 여성 비행사 권기옥

박세경 지음 | 김세진 그림

우리나라 정부에서 공식적으로 인정하는 최초의 여성 비행사 권기옥. 3·1혁명 때 옥고를 치르고 중국으로 망명하여, 임시정부의 추천으로 중국 윈난항공학교 1기생으로 들어가 비행사가 된다. 암울했던 일제 강점기에 비행기를 몰고 조선총독부를 폭파하고 일본 천황궁을 폭파하려 했던 독립운동가, 권기옥의 삶을 감동적으로 들려준다.